陪你走过青春的十字路口

郝俊生 乔学慧 虞承波 杨勇 王嘉
田昊 陈国强 刘玉民 刘芳 彭飞
杨光 马文婕 赵培 陈艳菲◎著

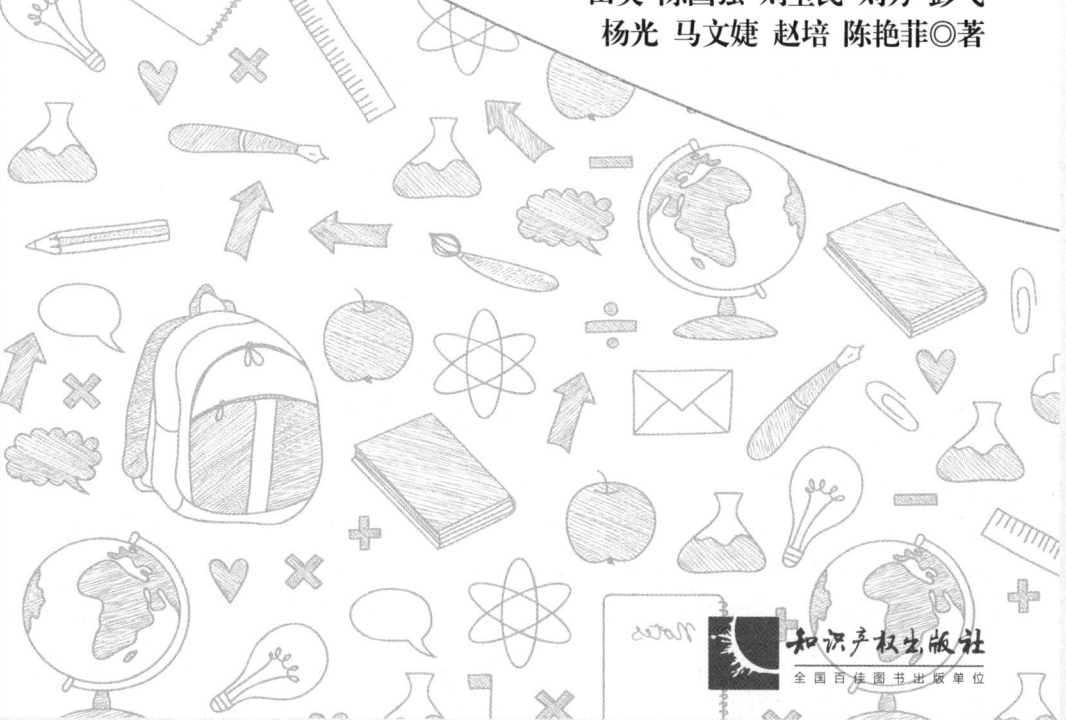

知识产权出版社
全国百佳图书出版单位

图书在版编目（CIP）数据

陪你走过青春的十字路口/郗俊生等著. —北京：知识产权出版社，2017.3
ISBN 978-7-5130-4764-7

Ⅰ.①陪… Ⅱ.①郗… Ⅲ.①青春期—家庭教育 Ⅳ.①G782

中国版本图书馆 CIP 数据核字（2017）第 032353 号

内容提要

青春期，孩子很苦恼；青春期，父母很焦虑。本书站在父母与青春期孩子的不同角度，通过丰富的身边案例讲述了父母如何更有效地与青春期孩子沟通和相处，以及青春期孩子如何应对自我与环境的变化，接受心理、情感、学习、生活等方面的考验。

责任编辑：张筱茶	责任校对：谷 洋
装帧设计：何睿烨	责任出版：刘译文

陪你走过青春的十字路口

郗俊生　乔学慧　虞承波　等　著

出版发行：	知识产权出版社有限责任公司	网　址：	http://www.ipph.cn
社　　址：	北京市海淀区西外太平庄 55 号	邮　编：	100081
责编电话：	010-82000860 转 8180	责编邮箱：	baina319@163.com
发行电话：	010-82000860 转 8101/8102	发行传真：	010-82000893/82005070/82000270
印　　刷：	北京科信印刷有限公司	经　销：	各大网上书店、新华书店及相关专业书店
开　　本：	720mm×1000mm　1/16	印　张：	12
版　　次：	2017 年 3 月第 1 版	印　次：	2017 年 3 月第 1 次印刷
字　　数：	200 千字	定　价：	38.00 元
ISBN 978-7-5130-4764-7			

出版权专有　侵权必究
如有印装质量问题，本社负责调换。

前 言
Preface

青春期，父母很焦虑。孩子的身体迅速发育，心理越来越敏感，他们要独立，要自尊，要隐私，希望父母把自己像成人一样对待，可是他们还未成年。于是，你说向东，他（她）偏向西；你说要努力学习，他（她）却沉迷于网络游戏；你说不许早恋，他（她）则对异性充满了好奇；你希望他（她）什么事儿都告诉你，他（她）却把所有的心事都写进了日记。孩子跟父母渐行渐远，与伙伴却形影不离，如胶似漆。

青春期，孩子很苦恼。有学习的压力、情感的纠葛、父母的唠叨、老师的古板、同伴的龃龉。感觉自己已经成人，可是在成人的世界里自己还被当作一个孩子；对父母的眷恋变成了厌烦，对老师的敬畏换作冷眼旁观，他们从高高在上的神明变成了凡夫俗子，失去了头顶的光环；枯燥的学习无穷无尽，紧张的考试令人焦虑不安；无法抑制内心的躁动，情绪总在失控的边缘；对异性的好奇与日俱增，心仪的男（女）孩从视野中走过，总是忍不住偷偷瞟上一眼。

这就是青春期，父母和孩子共同的挑战。本书站在父母与青春期孩子的不同角度，讲述了父母如何与青春期孩子沟通和相处以及青春期孩子如何应对自我与环境的变化，接受心理、情感、学习、生活等方面的考验。

青春期的我们如何表现自己的个性？如何约束冲动的情绪？如何面对学习的压力和考试的焦虑？如何面对自卑、嫉妒、暴力倾向、逆反心理、唯我独尊这些不期而至的心理困扰？如何面对心仪的异性，结束内心的纠结？

青春期孩子的父母，又该如何面对孩子的叛逆与放纵？当他们流连于虚拟的网络空间，无法自拔时；当他们情窦初开，渴望异性之间的青涩与甜蜜时；当他们一时冲动，不管不顾时；当他们交友不慎，满脑子哥们儿义气时；当他们为了标榜个性，特立独行时；当他们对学习厌倦，无法集中自己的注意力时；当他们内心困惑，找不到答案时，父母该怎么办？

翻开这本书，或许能找到你想要的答案。

目 录
Contents

第一章 青春期，站在十字路口上

　　青春期的选择，就好像你站在人生的十字路口，你的任何选择都会改变你的人生方向。不论是家长还是处于青春期的主角们都不应该忽视青春期的问题。尤其是对于那些童年时期留有心理阴影的孩子，青春期更是一个灵魂获得救赎、不容错过的黄金时期。

一　青春期，危险期？/ 003

二　青春期，痛并快乐着 / 007

第二章 青春期，家长准备好了吗？

　　在不知不觉中，家长们发现孩子与自己的沟通出现了问题。不知从什么时候开始，孩子对自己似乎不像从前那样报以崇拜的目光。不要惊慌，这只是证明孩子的青春期到了。选择何种方式去与孩子沟通，就成了许多家长头疼的问题。

一　迷失在虚拟世界的孩子 / 014

二　父母该如何与孩子沟通？/ 017

三　站在孩子的角度看问题 / 020

四　面对情窦初开的孩子 / 023

五　给孩子决定权 / 027

第三章　孩子，如何安放你的青春？

在此期间，你会遇到很多问题，也会学到很多东西。有许多美好的回忆，也会有许多不开心的事。那么，主角们，我们该怎样面对成长过程中的快乐与痛苦呢？

一　自己好像和以前不一样了 / 031

二　为什么总是控制不住自己？/ 036

三　学习让你焦虑吗？/ 039

四　冲动让你悔恨吗？/ 042

五　父母让你失望吗？/ 046

六　代沟＝隔代沟通 / 049

七　伙伴，让我欢喜让我忧 / 051

八　朋友要"精挑细选" / 053

九　"哥们义气"害人不浅 / 056

第四章　让个性自由地呼吸

个性是人与人之间彼此区分的关键所在。青春期孩子种种异样的表现，让老师和家长都对个性产生了一定的认识误区。但青春期孩子所谓追求个性的行为，却是一种成长的必然趋势。

一　追求个性有错吗？/ 061

二　个性让他们与众不同 / 067

三　个性让我们改变命运 / 071

四　给个性做个小结 / 074

五　个性养成的黄金时期 / 075

六　气质，个性的根基 / 077

七　测一测你的气质类型 / 079

八　如何培养孩子的个性？/ 083

九　如何培养学生的个性？／087

十　如何修炼自己的个性？／088

第五章　异性交往，羞涩的青春

在青春期对异性产生好感，并不意味着早恋，那只是一种正常的情感罢了。青春期孩子所要做的就是顺其自然，等到你真正成熟的那一天，你会笑对这一切的。

一　为什么好男孩喜欢上坏女孩？／094

二　为什么好女孩喜欢上坏男孩？／098

三　不妨珍藏这份感情／099

四　异性能做朋友吗？／102

五　遇到麻烦怎么办？／105

六　父母，请不要误判／109

七　不要亲手酿成孩子的悲剧／111

八　父母可以这样做／114

九　成长危机：意外怀孕／118

十　危机管理：父母的考验／122

十一　孩子，你真的准备好了吗？／126

第六章　学习能否不再头疼？

事实证明，越高级的动物就越需要学习。青春期正是人一生中身心发展的关键期。由于社会的迅速发展，竞争压力的加大，青春期的孩子面临着沉重的压力，这已经成为一种比较普遍的现象。

一　学习，为何让我觉得厌倦？／136

二　如何走出厌学的泥沼？／141

三　痛苦的考试焦虑／145

四　考试焦虑从何而来？/ 147

五　战胜考试焦虑 / 151

六　你能集中注意力吗？/ 154

七　你的记性好吗？/ 157

八　释放学习压力 / 160

第七章　心理困扰，我们一起面对

在青春期，人的生理发育十分迅速，在2~3年的时间里就可以完成身体各个方面的生长发育并达到成熟的水平。可是心理的发展就相对缓慢很多，因为青春期孩子的心理水平尚处在从幼稚向成熟过渡的阶段。这样，青春期孩子的生理和心理的发展就会处于一种极不平衡的状态，从而导致种种问题的出现。

一　暴力是把双刃剑 / 167

二　甩掉自卑的心理包袱 / 169

三　唯我独尊会成为孤家寡人 / 172

四　嫉妒就像膨胀的气球 / 174

五　你还在"对着干"吗？/ 177

六　影响一生的习惯 / 181

第一章
青春期,站在十字路口上

青春期的选择,就好像你站在人生的十字路口,你的任何选择都会改变你的人生方向。不论是家长还是处于青春期的主角们都不应该忽视青春期的问题。尤其是对于那些童年时期留有心理阴影的孩子,青春期更是一个灵魂获得救赎、不容错过的黄金时期。

Notes

一　青春期，危险期？

青春期，又名危险期。似乎有些危言耸听了，但这的确说明了青春期的重要性。

选择，我们似乎每天都会遇到。早上去买早点时，我们会想是喝豆浆还是喝粥，又会想是吃包子还是吃油条。当然你也可以选择不吃，不过大多数时候不是你选择不吃，而是贪睡没时间了。没有人会为早上选择吃什么而苦恼，因为这样的小选择即使选错了，对我们的生活影响并不大。

而青春期的选择，就好像你站在人生的十字路口，你的任何选择都会改变你的人生方向。但你又不可能不去选择，这时你会踌躇，会彷徨。不要害怕，这很正常。当然，在人生的十字路口上，并不是你一个人，还有你的父母、老师。他们会以过来人的身份去给你建议，但请记住，只是建议，并不是替你做决定，决定权仍在你手里。

人，有时候真的很奇怪。当你没有决定权的时候，你会大声疾呼：我的青春我做主！当真正由自己做主了，又开始犹豫、彷徨。就算如此，也要自己做决定。因为你是一个独立的个体，你有自己的人生观、价值观、世界观，完全可以决定自己的人生！可这并不意味着你可以一意孤行，不听从别人的建议。其实，在你自己做选择的时候，你才会真正觉得自己的命运是掌握在自己手里的。

当然，有些人是不喜欢自己做决定的。这的确是性格使然。但从另一个角度来看，这似乎也是一种逃避。他不想自己做决定，是害怕去承担做决定的后果。而别人替自己做了决定，即使是错误的决定，他不用在心理上去承担这一错误决定的责任。其实还是那句话，青春期的主角们大声喊：我的青春我做主！

　　人的一生分很多时期，但青春期是很关键的一个时期。现在对一个人的教育是越来越提前了，一直提前到从你还是一颗受精卵开始，也就是胎教。这只是为了说明，人生的早期阶段对人的重要性越来越引起了人们的注意。

　　弗洛伊德也在很早以前就提出，儿童早期的经历对一个人一生的发展是至关重要的。这并不难理解，就好像你对事物的第一印象很重要，而第一个印象在你的记忆中是很深刻的，比如初恋一般都很难忘记。但这并不意味着这个所谓的第一印象是不可更改的，而青春期就是改变你对这个世界第一印象的关键期。

　　人类的婴儿是很弱小的，他需要来自父母的关爱。婴儿期和儿童期的我们也会和同伴们有着或多或少的交往，但这并不是我们生活的主体。我们生活中最主要的是与父母的沟通与交流。这个时候，有些孩子的父母很负责，会给孩子尽可能多的关爱，这样的孩子童年就会过得比较幸福。但也有些不负责任的父母，并没有给孩子一个应该属于他（她）的幸福快乐的童年。这样就给孩子的人生早期蒙上了一层阴影。如果他一直这样带着自己的童年阴影走下去，他（她）的人生迟早会出问题。

　　但他（她）会迎来自己人生的青春期，改变人生的关键时期到来了。对他（她）来说，改变自己的时候到了。这个时候，孩子会渐渐从家庭中走出来，他（她）的世界不只是家庭了。他（她）的伙伴们会渐渐在他（她）的生活里取得不可替代的位置，他（她）会和他（她）的伙伴无话不谈。这时童年时期没有得到父母关爱的孩子，伙伴之间真挚的友谊会温暖他（她）的人生，在一定程度上弥补他（她）童年时期的缺憾。

　　但这并不意味着，那些拥有幸福童年的孩子，伙伴之间的友谊对他（她）的青春期就不重要。如果青春期的孩子没有伙伴之间的友谊，那种孤独感是父母对他的关爱没办法弥补的。

第一章
青春期，站在十字路口上

在美国有这样一个案例。有一个小孩在他幼年时期曾经对他的父亲和母亲都实施过谋杀，但幸运的是他的谋杀并没有成功。后来更过分的是，他竟然对他的亲妹妹进行性侵犯。这样的孩子，估计许多成年人都会对他很绝望。但就是这样劣迹斑斑的小孩在十七八岁的时候，变成了一个行为端正、富有上进心和责任感的优秀青年。

奇迹般的变化只是因为在他的高中时期，他有许多伙伴，这些伙伴对他的生活产生了很重要的影响。值得一提的是，他还有一个很爱他的女友。这一切的一切，温暖了他的人生，让他的人生重新面向光明。这就是青春期的魔力，它真的可以改变一个人的人生轨迹。

试想一下，如果这个孩子在青春期时没有友谊和爱情的温暖，他会怎样？我们不知道，人生没有假设，也不会有如果。但有这样一个例子，或许可以说明这个假设和如果。

这是一个很著名的FBI心理分析案例。1978年1月23日，萨克拉门托发生了一起恐怖的凶杀案。受害者明显受到了令人发指的暴行，从当时的现场来看，这显然不是一起普通的谋杀案。果然，在这个地区，又出现了更多令人发指的暴行，其作案手段很相似。很快，美国警方利用多种侦查手段，抓住了凶手。

这个凶手是一个精神病患者。在这个案例中我比较注意的是他的童年经历和在高中时期的转变。这个凶手小时候也是一个乖巧可爱的孩子，只是在他12岁时，他的家庭出了问题。因为种种原因，他的父母离婚了，这对年仅12岁的他是个不小的打击。但他并没有像前面提到的那个男孩一样，做出那么多出格的事儿，就这样他平安无事地上了高中。

> 高一的时候还好，虽然他没有朋友，但是他有爱情。但后来因为种种原因，他的几个女友都先后和他分手了。这时候，他彻底孤独了。尽管后来他的父母都相继接济过他，但这远远无法弥补他心底深处的那份遗憾。他开始堕落，吸毒和杀害动物，后来慢慢发展成杀人，从此一发不可收拾。
>
> 你可以说他是一个精神病患者，也可以从他杀人的手法看出他是一个心理变态者。但在我看来，他只是一个在人生道路上迷失了自己的人。他曾经也是一个乖巧可爱的男孩儿。不幸的是，12岁正是需要父母关爱和家庭温暖的年龄。面对父母的离异，当时，虽然他并没有什么强烈的反应，但是这并不代表对他没有伤害。
>
> 这个时候，他的青春期悄然无声地来了。没有伙伴友谊的他再失去爱情，这对青春期的孩子来说，是一个不小的打击。果然，从这个时候，也就是他上高二的时候，他开始堕落了，渐渐滑向了罪恶的深渊。

这是一个和前面的案例结局截然相反的案例。第一个小男孩虽然因为种种原因，在童年时期是个劣迹斑斑的孩子，但在他人生的关键时期，伙伴们的友谊和女友的爱情照亮了他的人生。那些童年的阴影也因为友谊和爱情的温暖，可以勇敢地去面对，而不是一味地用堕落去逃避这些童年时留下的心灵创伤。

那个时候，我们还很小。父母和外界留给我们的创伤是无法避免的，这并不是我们的错。因为你很弱小，有许多事情你都无能为力。但是你长大了，就应该具备面对这些旧伤疤的能力。而青春期就是培养你勇敢面对现实的能力的绝佳时机。因为，青春期不仅是身体成长的黄金时期——错过了这个黄金时期，以后再想长身体就比较困难了，也是心理逐渐成熟的绝佳时期。而伙伴们的友谊可以促成我们的心理成熟。

但这个杀人凶手似乎就没有这么幸运了。12岁的他遭遇了父母的离异，家庭曾给予他的温暖突然消失了。他的心里肯定很难过，但父母并没有去注意他这幼小心灵的变化，而他自己又比较乖巧，并没有对父母的离异表现出太强烈的不满。青春期的他，没有伙伴，连爱情也离他而去，他错过了心理走向成熟的黄金时期。没有伙伴，没有爱情，再加上童年时期的心灵创伤，他尚未成熟的心理和人格再也无法承受这样的重荷。

为了避免心里的痛苦，他开始吸毒、杀人，去寻找一切刺激，掩盖他心里的痛苦。他没有勇气去面对这一切。只有在杀人时，他才会感到满足和快乐。我们不得不认为这是一种变态心理，那些被他杀害的人是无辜的。从这方面看，他的确是一个可恨的人。但从他的童年经历和青春期的遭遇以及他内心的痛苦挣扎中，我们发现他又是个可怜的人。

如果他像前面那个男孩儿一样，有着同伴的友谊和女友的爱情，他是否就不会有这样的结局？不论有再多的假设，他还是坐上了电椅，被执行了死刑。在自己临死前，灵魂依然没得到救赎。而那个童年时期劣迹斑斑，在青春期得到救赎的男孩儿却过上了正常的充满快乐阳光的生活。

就这两个案例的对比，我只想说一句话：青春期对人生太重要了。不论是家长还是处于青春期的主角们都不应该忽视青春期的问题。尤其是对于那些童年时期留有心理阴影的孩子，青春期更是一个灵魂获得救赎、不容错过的黄金时期。

二 青春期，痛并快乐着

一个人刚出生没几天的时候，他会迎来第一个身体生长的黄金期。这个时候，身为人母的妈妈们会发现自己的孩子长得非常快。这时他的大脑也在飞速地发展，因为他有很多东西要学，这个世界上的一切对他来说都是新奇的。语言就是在这个时期开始学习的，因为语言是他和外界交流必不可少的工具。但这个时期，他的学习主要集中在模仿上。幸运的是，这个时期小宝宝们的生理和心理发展还算比较和谐。所以，只要给他以适当的外在条件，他不会觉得矛盾和苦恼，会很快乐地生活下去。

青春期就不会这么平静了。青春期是人生心理和生理发展的第二个黄金时期。这个时候，生理的发展太过迅速，以致心理的发展跟不上生理发展的速度。这或许应该是人生第一次有意识的肉体与精神的强烈碰撞。这时的青春期孩子会感到痛苦、矛盾、烦恼，这很正常。好多伟大的哲学家、思想家和心理学家，在精神和肉体强烈碰撞的时候都会痛苦不堪。

但这并不可怕，灵魂和肉体在经过激烈碰撞后，都会出现质的飞跃。伟大的哲学家、思想家和心理学家在经过痛苦的矛盾冲突后，往往会有新的创造性的学说诞生。而青春期孩子心理的发展赶不上生理发展速度的痛苦一旦过去，就会诞生一个全新的自我。这时你的人格就会大致定型，而你的人生观、世界观、价值观也是在青春期这一时期形成的。

所以，老人们常说，当一个人在年少时犯错，只要改正就还是好孩子；但如果人到中年还是犯错，那就真的无药可救了。青春期这个时期的学习主要集中在创造力上，不像婴幼儿时期只是集中在模仿上。因为这时青春期孩子的自我意识已经觉醒了，拥有了自我的人自然不会再一味地模仿了，因为他要创造属于自己的东西。

青春期孩子心理和生理的发展还有一个避不开的话题，那就是生理方面的性成熟、心理方面性意识的觉醒和对异性的关注。在这个时期，由于神经系统和内分泌的影响，人体的形态和功能都会出现显著的变化。身高、体重增长加速，第二性征出现。青春期的孩子对异性感兴趣和有好奇心是正常现象。

有些家长和老师一听说"早恋"这个词就如临大敌。对异性的兴趣只是生理和心理发展的自然结果罢了。其实，不少家长和老师已经发现：早恋越禁越泛滥。因为青春期孩子这样做不只是为了捍卫他们所谓的爱情，更有一种逆反心理在作祟。你越是禁止，我就越觉得要捍卫我的爱情。如果他（她）处处听你的话，还叫什么"人不轻狂枉少年"。

当你意识到你已经失去了任性的权利的时候，你已经可悲地长大了。孩子是一个生命的个体，不是父母生命的附属品，应该有自己生命发展的空间。所以在孩子青春期发展的时期父母们只是配角而真正的主角是孩子！

青春期人的大脑又会发生一个质的飞跃。这个时期大脑发展极为迅速，已经不仅仅局限于婴幼儿时期的发展水平了，这个时期推理与论证能力都逐步提高，易于接受新事物。与此同时，大脑皮质的兴奋性较强，于是好冲动，思维和注意力较差，但是可塑性较强。这或许就是青春期孩子容易走向犯罪的生理条件吧。

第一章
青春期，站在十字路口上

其实，想想人有时候真是可悲，无论怎样的行为和动机以及心理活动，追根究底都有生理这个老狐狸在搞怪。一直在追求精神境界的我们，依旧无法逃脱肉体带给我们的枷锁。

但是，一般情况下，未满十六岁的青春期孩子犯罪通常是不会判刑的，原因就在于处于青春期的孩子的可塑性很强，他（她）应该有重新来过的机会。处在人生的十字路口，我们的确应该给孩子一次重新来过的机会。

由于这个时期心理和生理发展得极度不平衡，再加上大脑的皮质在青春期这个特殊时期兴奋性较强，矛盾的心理加上冲动的行为，青春期孩子是很容易犯错的。当青春期孩子犯错时，家长和老师不要一味地指责他们，其实外在的指责远没有内在的自责影响来得深远。

所以，家长们和师长们所要做的应该只是引导他们去认识自己的错误并主动地去改正。切记，是主动而不是你逼迫他，不然就算他们意识到自己的错误，因为逆反心理的作用，也不会去改正。这样，反而会起到相反的作用。不要觉得青春期孩子犯了错误，就是在人生的关键期走了弯路。从某种意义上讲，人生没有弯路，每一次的错误都将是他人生不可多得的财富。

第二章
青春期，家长准备好了吗？

在不知不觉中，家长们发现孩子与自己的沟通出现了问题。不知从什么时候开始，孩子对自己似乎不像从前那样报以崇拜的目光。不要惊慌，这只是证明孩子的青春期到了。选择何种方式去与孩子沟通，就成了许多家长头疼的问题。

在不知不觉中，家长们发现孩子与自己的沟通出现了问题。以前，孩子在学校遇到了不管是学习上的还是与伙伴之间的小问题，都会告诉自己并向自己讨教。不知从什么时候开始，孩子对自己似乎不像从前那样报以崇拜的目光。孩子小的时候，爸爸修好了他的自行车或小玩具，他都会对爸爸崇拜无比。但现在好像不是这样了，这时你的孩子会说，这有什么了不起的？

不要惊慌，这只是证明孩子的青春期到了。这时，你就不能再用以前的沟通方式了。如果还是用以前的那种方式与孩子沟通的话，孩子与你的距离只会越来越远，所谓两代人之间的代沟，就会变成一条永远无法逾越的鸿沟。所以，孩子的青春期，父母与孩子之间的沟通是很重要的。选择何种方式去与孩子沟通，就成了许多家长头疼的问题。

其实，选择怎样的方式与孩子沟通，完全取决于你在孩子的青春期扮演怎样的角色。

在孩子的儿童时期，父母是以一个保护者的身份出现在孩子的生活里。孩子对这样的父母很是崇拜，父母也很高兴，在自己孩子的眼中父母就是他的全部世界，这让身为父母的人们很有成就感。

这个时期，孩子的主要学习任务就是模仿。他对这个世界的一切都充满了好奇，对于父母所掌握的一切都觉得很新奇，尽量地去模仿父母的行为，自然会对父母产生崇拜。但随着年龄的增长，他接触的事物越来越多。自我意识的逐渐觉醒以及在家庭之外接触的人越来越多，对名人的崇拜逐渐取代了对父母的崇拜。

如果这时候，父母还是以长者的身份与他交流或教训他，只会适得其反。不仅无法走进孩子的心里与他沟通，甚至还会激起孩子的逆反心理。

那到底应该以怎样的角色去与孩子沟通、交流呢？

青春期，伙伴们的友谊对孩子的重要性会越来越突出，也就是说，青春期的孩子会更注重他们的伙伴友谊,他们会跟自己的小伙伴无话不谈。所以,父母想要走进孩子的心里,只能成为孩子的朋友,与孩子建立无话不谈的伙伴关系。

一 迷失在虚拟世界的孩子

与青春期孩子的交流是至关重要的,因与父母沟通不畅而在青春期出现问题的孩子不在少数。

13岁的阳阳,是一名重点中学的初中生。阳阳从小就很乖巧,也很听父母的话。学习成绩一直不错。但一个偶然的机会,他接触到了电脑另外的功能——上网聊天儿和玩网络游戏。他很早以前就接触过电脑,但那只是在父母的监督下,只是在网络上查找学习资料和在网上完成一些学习任务之类的,从没有在网络上进行过娱乐。

有一次,放学比较早又没有太多的作业,他的同桌小轩邀请他一起去他家玩。小轩的爸爸妈妈没在家,阳阳想,反正爸爸妈妈现在还没下班呢,去同学家玩一会儿应该不会有太大的问题。他就犹犹豫豫地跟着小轩去了他家。俩人玩了一会儿,觉得没什么意思,这时阳阳起身准备回家。小轩突然想起了什么,他问阳阳,你知道上网聊天儿和网上打游戏吗?

阳阳有些吃惊地看着小轩,上网还能聊天儿和打游戏吗?我只知道在网上可以查许多学习资料。小轩"哈哈"笑了几声说,网上的功能可多了,怎么可能只是查找资料和学习呢?那只是其中的一种罢了。要不我教教你怎样上网聊天儿和在网上打游戏吧!在阳阳将信将疑时,小轩带着阳阳来到放有电脑的屋子,打开电脑教起了阳阳。阳阳很快就学会了上网聊天儿和打游戏。这时的阳阳才发现,原来电脑还有这么好的功能。从此,阳阳就一发不可收拾地爱上了网络游戏和聊天儿。

第二章
青春期，家长准备好了吗？

有了新爱好的阳阳，刚开始只是趁父母不在家的时候，利用一切可以利用的机会去上网聊天儿和打游戏。后来，仅是这样，实在无法满足阳阳对网络这个虚拟世界的需求。于是，他开始利用父母睡觉的时间，自己偷偷溜进书房去打游戏和聊天儿。他的爸爸妈妈刚开始并没有发现他的这种行为。只是，晚上几乎不睡觉的阳阳在上课时间没了精神，总是打瞌睡。

开始，老师以为可能是阳阳最近总是在熬夜学习吧，就没过多地注意。阳阳的妈妈睡眠质量很好，总是一觉睡到天亮。但是，阳阳的爸爸却是每晚必须吃安眠药才能入睡而不被吵醒。有天，估计是阳阳的爸爸白天工作得太劳累了吧，晚上睡觉前忘了服用安眠药就睡了。半夜，他被隔壁书房电脑上传出的厮杀声给吵醒了便去书房一探究竟。

谁知道，竟看到自己一向乖巧的儿子在电脑前努力地进行"厮杀"。当时的他脑袋一片空白，上去就给了儿子一记响亮的耳光。当时，挨了耳光的阳阳也很震惊，什么也没说，捂着脸就回自己的房间了。第二天早上，知道这件事的妈妈对阳阳的这种行为也很失望，她对阳阳说，你爸爸昨天打你的那一巴掌是为了让你记住：以后不准再上网打游戏。阳阳低着头没有说话。

由于这次的事件，阳阳的确好多天没上网。但准备认真上课的阳阳却发现，自己有些跟不上老师讲课的进度了。很快，月考来临了，阳阳很吃力地参加完了考试。没几天，考试成绩就下来了。阳阳的成绩用"一落千丈"这个词来形容的确不为过。老师们很是吃惊，原以为上课打瞌睡的阳阳是因为在家熬夜学习，如今看来似乎并不是这样。

阳阳的同桌小轩也很吃惊，他问阳阳，是不是因为上次教给阳阳上网聊天儿和打游戏之后，阳阳就一直在靠打游戏和上网聊天儿消磨时间。小轩对阳阳说，你不能这样，阳阳，我妈妈说，打游戏和上网聊天儿只是在学习累了的时候的一种娱乐,不能天天这样。阳阳看着自己的成绩也很难过,但哪里听得进去小轩的话。这时的阳阳就更想起那个虚拟的网络世界的美好。

阳阳的爸爸妈妈也知道了他的成绩。爸爸妈妈对他进行了很严厉的批评,并说以后不准再考得这么差。这时的阳阳还是什么也没说。但是,阳阳对现实的生活已经充满了厌倦,于是开始逃课去上网。后来自己的零花钱因去网吧花完了,就开始偷父母的钱。再后来,连自己同学的钱也开始偷来去网吧。

因阳阳整天逃课,校方很快通知了家长。阳阳的爸爸妈妈听说了这一消息,更为震惊,他们不相信自己的儿子会这样做。妈妈对阳阳说,没想到你会这样,你真是太让我丢脸了!阳阳的爸爸说,我没有你这样的儿子!这时,阳阳的爸爸妈妈更加严格地监管阳阳的生活。不久,他们又发现了阳阳的偷盗行为,更为气愤。后来,连阳阳外出也严加限制了。

这样做并没有矫正阳阳的行为,反而激起了阳阳的逆反心理。在一个偶然的情况下,阳阳的爸爸妈妈知道了是小轩教会了阳阳上网聊天儿和打游戏。他们很气愤,一致认为,如果不是小轩教会了阳阳这些东西,他们的儿子还是会像以前一样那么乖巧,有着让他们引以为傲的学习成绩。

于是,他们去学校先找到小轩,对小轩进行了激烈的指责。小轩很委屈,回家告诉了自己的爸爸妈妈。小轩的爸爸妈妈安慰了小轩许久。小轩的爸爸觉得应该找阳阳的爸爸妈妈好好谈谈。通过学校,小轩的爸爸和阳阳的爸爸很快联系上了。他们约了一个地方见面。

刚一见面,阳阳的爸爸就说,没想到你倒先来找我了,我还想向你兴师问罪呢!要不是你的儿子,我的儿子现在会这样吗?小轩的爸爸平静地说,现在网络时代这么发达,你就算现在严禁阳阳接触网络上那些娱乐的东西,阳阳迟早也会接触到的。你就不怕,将

第二章
青春期，家长准备好了吗？

> 来走向社会的阳阳因为接触这些而出问题吗？问题早出现早解决。再说，小轩不是也接触这些了吗，怎么小轩就没有这样？处在青春期的孩子本来就容易出现问题，当问题出现了，应该和孩子好好地沟通沟通，看看怎么一起去解决问题，而不是把责任推得一干二净。
>
> 听完小轩爸爸的一番话，阳阳爸爸也想到从阳阳进入青春期以来，自己和阳阳的妈妈确实没和阳阳好好地沟通过。对阳阳还是像以前那样，总是用命令的口气和他说话。想起这些，阳阳的爸爸不禁陷入了沉思之中。

青春期的孩子出现与父母的沟通问题，是一件很正常的事。进入青春期的孩子，他们的思维和以前有了很大的不同。他们会接触各种各样的新鲜事物，不会再对自己父母产生崇拜的心理，也不会对父母的命令式要求唯命是从。他们会逐渐按照自己的想法去行事。

而这时的孩子也是最容易受到外界各种诱惑影响的。因为青春期的孩子不像成年人已具有自己明确的方向和成熟的想法，这个时候的孩子正处于人生观、价值观、世界观形成的关键时期，对新事物的接受能力是极强的，网络等新兴事物对这个时期的孩子充满极大吸引力。网络所制造出来的那个虚拟的世界本就是一个极具诱惑力的世界，有时连成年人都无法抵抗它的诱惑力，更何况青春期孩子。在那个虚拟的世界里，每个人都好像是世界的主宰者，人的欲望在这个虚拟的世界里极度地膨胀和得到满足，自然是很容易上瘾的，而网络成瘾是孩子青春期当中一个比较严重的问题。

二 父母该如何与孩子沟通？

近年来网络成瘾的青春期孩子并不在少数。对于网络成瘾的孩子，我们要了解他在网络这个虚拟的世界里，到底是在逃避着现实世界的哪些问题。当一个人沉入对一样东西感兴趣到痴迷的状态，那一定是因为这样东西对他而言能满足他的一些心理方面的需求。

一般情况下，有五种孩子容易网络成瘾——学习失败的孩子、学习特别好的学生、人际关系不好的孩子、家庭教育不当的孩子、家庭关系紧张的孩子。

学生的主要任务就是学习，可以说学习成绩的好坏完全影响着孩子的自尊心和自信心。学习成绩不好的学生，在现实生活里他的自尊心和自信心没有得到应有的满足，自然网络虚拟世界里那极容易获得的成功会大大满足他的自尊心和自信心。这样的孩子就会越来越想获得这种在现实生活里无法体验的成就感，对网络越来越痴迷，也就越来越深陷其中而无法自拔。

对待这样的孩子，不能急功近利地让孩子在业余时间去参加更多的补习班或熬夜做一些家长买来的习题。不要简单地认为：只要提高孩子的学习成绩，孩子就会获得在现实生活中的满足感，自然不会再沉迷网络了。其实，家长们会发现这样只会越来越糟糕，孩子不仅没有提高学习成绩，反而更加迷恋网络了。因为这是一种本末倒置的解决问题的方法。

最应该做的是先培养孩子的自尊心和自信心。可是该怎样培养孩子的自信心和自尊心呢？有人说过这样一句著名的话，**好孩子是夸出来的**。我们在现实生活中偶然得到某人的一句夸奖，都会觉得心情好很多，即使这个人是个陌生人。你会发现，那一天你充满动力地去工作，更何况孩子！对于因学习失败而沉迷于网络的孩子，你可以对他说，游戏中的你天下无敌，学习中的你也能让我们自豪。

当他在学习中获得了进步，一定要及时鼓励他；受到了挫折，也千万不要忘了继续给他打气。当然，提高学习成绩，光靠这些是不够的。但这绝对是不可忽视的重要一环。另外，还需要家长和老师的交流和配合，共同找出孩子成绩差的症结所在，与孩子一起克服学习上面临的困境。

成绩不好的孩子沉迷于网络，是因为在现实生活中无法获得在网络世界中的成就感，那成绩好的学生就不会有这方面的问题了吧？但事实不是这样的，案例中的阳阳就是这样的典型。13岁的阳阳是初中一年级学生，因从小学习成绩就不错，进了一所重点中学。虽然在重点中学的阳阳学习成绩也是不错的，但阳阳在学习成绩方面的压力一直存在。重点中学可以说是人才济济，阳阳只有很吃力地去学习，才能保住靠前的考试名次。当他在网上打游戏时，发现获得成功这么简单，不用像在现实生活里那样努力，于是便越来越贪恋这种轻而易举的成功。这就是阳阳成绩不错,却依然会网络成瘾的原因。

这时,最重要的并不是一味地斥责孩子的堕落,这只会加重他的心理压力。要帮助他进行心理压力的释放。释放压力有许多方法,但一定要先放低姿态,和孩子进行沟通,站在孩子的立场去看待事物。这时你会发现,在不知不觉间,孩子的心扉已向你打开。要和孩子交流,让孩子自己主动说出自己遇到了哪些问题,这时孩子的压力就已经相对减轻了不少。

> **温馨提示**:最好在一个阳光灿烂的日子里,带孩子去离家比较近的、有着优美自然风光的地方。回归大自然会激起孩子纯真的天性,化解他内心累积的压力和苦恼。

阳阳不仅喜欢打游戏,还特别喜欢网上聊天儿。原因很简单,阳阳虽然很乖巧,但性格却很内向。小学的时候还有一两个谈得来的小伙伴,但因刚到一个新环境,除了和小轩偶尔交谈一下,其他时候,内向的他很少和班里的同学说话。以至于阳阳是如此地迷恋网上聊天儿,用网络上虚拟的人际交往来弥补现实中人际关系的空白。

这时,家长就要和孩子好好聊聊了。鼓励孩子大胆地去和自己的同学交流,大胆,再大胆些。必要的话,在周末可以请孩子班上比较好相处的同学来家里玩,但家长最好不要在场。这样更能增进孩子和他的伙伴们的友谊。还要多鼓励孩子去参加班里面举行的团体活动,团体活动更能增进同学间的友谊。

父母是孩子的第一任老师,这句话揭示了家庭教育在一个人的一生中所发挥的举足轻重的作用。家庭教育的不当会导致青春期的孩子出现各种各样的问题。显而易见,阳阳的爸爸妈妈就是只会用命令式教育手段的典型。阳阳的内向和乖巧的性格或许就是他的爸爸妈妈命令式教育方式所造成的。

在阳阳儿童期的时候,这种命令式的教育方法似乎取得了不错的效果。阳阳从小就比较优秀而且也很乖巧懂事,但这并不意味着没有问题。终于,在阳阳青春期的时候,在一个偶然的因素影响下,对网络的沉迷像导火索一样引爆了他的问题。虽然在与父母的对决中，阳阳始终保持着沉默，但阳阳用他的行为证明了他叛逆的个性。

就算在父母严厉的斥责和警告下，阳阳仍然没有戒掉网瘾，反而愈演愈烈，居然发展成了逃课和偷窃去上网。这时，阳阳的父母还是没有改正自己的家庭教育方式，反而把责任推到了同学小轩的身上，固执地认为，要不是小轩引诱阳阳，他们的儿子还会像以前那样优秀。阳阳的父母真的要改变自己的教育方式了，多听听孩子自己的想法吧。

虽然，青春期的孩子更注重与伙伴们的友谊，但父母关系的和谐与否也会影响孩子成长。如果父母双方经常当着孩子的面吵架或打架，或者父母离异，这些都会深深地伤害孩子。体会不到家庭温暖的孩子也会去网络这个虚拟的世界里寻求一丝丝温暖和满足。

与处在青春期的孩子沟通是很重要的。如果不及时与孩子进行沟通，你怎么了解孩子的想法？又怎么会知道孩子遇到了哪些让他感到困惑却又无法仅仅依靠自己能力解决的问题？或许有人会说，他可以主动向我们倾诉。如果你的孩子还是处在儿童期的话，你的这种教育方法可能会奏效，但这对青春期的孩子来说是不可能的。而这个时候，家长们就要主动一些了，放低姿态，积极地去和孩子沟通。

三　站在孩子的角度看问题

可能有些父母会抱怨，我已经很努力地去和孩子沟通了，为什么孩子还是无法对我敞开心扉？而你会发现，对于自己的同龄人，孩子们往往是无话不谈。孩子们为什么会对他的伙伴无话不谈，但对与自己朝夕相处了十几年的父母却守口如瓶呢？

父母总是站在自己的立场上去和孩子沟通，却不想这样只会让孩子的心门越来越紧闭。

第二章
青春期，家长准备好了吗？

> 有一位精神病患者，他总是穿着雨衣，打着一把伞，蹲在角落里。这样一蹲就是一整天。医护人员把他拉走，他也不反抗。只是趁医护人员不注意的时候，他又会穿着雨衣，打着雨伞，回到角落里一言不发地蹲着。
>
> 有许多专业的资深精神病医师都主动地去与他交谈，比如问他"你为什么蹲在这里"之类的问题，想从这里打开一个突破口。但他们得到的只是这位病人的沉默。过了好长时间，还是一无所获。他的家人，还有这些资深的精神病医师都对他放弃了治疗。因为无法与他沟通，就无法展开治疗，实在不知道该从何入手，只好任其发展。
>
> 巧的是，这时院里来了一位很有经验的心理咨询师。他听说了这位病人的情况后，决定去看看。但去看这位病人的那天，他什么也没说，只是和病人一样，穿着雨衣，打着雨伞，蹲在角落里。就这样过了几天，那个病人终于说了他来到这里的第一句话——你也是蘑菇吗？这是他主动和这位心理咨询师说的一句话。就这样，这位病人的治疗打开了一个重要的突破口。

这个案例只是为了说明一个事实，想要对方对你打开心扉，就必须站在对方的立场上来进行沟通，不然一切都是枉然。

为什么孩子们会对自己的小伙伴无话不谈？那是因为他们是他的朋友。想要在孩子青春期的时候，第一时间知道孩子发生了哪些问题，就必须让孩子自己愿意告诉你。而他们遇到的那些问题，第一时间告诉的一般都是自己的朋友。所以，站在孩子的立场上，成为孩子的朋友，才能第一时间知道孩子的问题，第一时间解决问题。

> 小旭一家三口住在一间很窄小的房子里。这时小旭的爸爸妈妈正处在自己事业的奋斗期。小旭的妈妈总是无比憧憬地对小旭说："将来等爸爸妈妈升职挣了钱以后，一定会换一套大房子！那时候你

就可以拥有属于自己的房间。"小旭每次听妈妈这样说之后，就会去想象将来拥有自己的房间之后，是怎样一种美好。

后来，在小旭快小学毕业的时候，全家终于搬进了一栋大一些的房子。由于新房子离小旭所上的小学太远，小旭的妈妈就托人在离他们的新家较近的地方找了一所重点小学，让小旭继续他的学业。

小旭虽然对自己的新房间充满了幻想，但在知道自己要转学去其他学校时，小旭的好心情似乎马上蒙上了阴影，这就意味着他要和自己的小伙伴们分开了。但小旭的妈妈执意要住大房子，小旭只好离开了小伙伴们。孩子就是孩子，当看到属于自己的新房间时，高兴得似乎忘记了分离的不快。这次搬家与转学对小旭的影响并不大，因为小旭很快就升初中了，升入初中后，所有的友谊都是重新开始的。

小旭不久就有了自己的新朋友。只是，在小旭上初二的时候，由于小旭父母的工作问题，小旭又得搬家和转学。尽管新家的房子更大了，小旭却一点儿也高兴不起来。他又要去适应新的生活，和自己的伙伴分离了。就在小旭还没有完全适应新的学校生活时，小旭的妈妈又要给他办转学，因为他们又要搬家了。这时的小旭表示强烈的抗议，但抗议无效。后来，小旭的父母又接连搬了好几次家。

就这样，活泼开朗的小旭变得内向起来。他不与其他同学说话，也不交往，因为他怕自己好不容易交上新朋友，又会因为转学而分离。小旭很难去适应新的学校生活，学习成绩也直线下滑。小旭对自己的现状很无奈，但他实在无力去改变。到了考高中的时候，小旭居然连所普通的高中都没考上。一直忙于工作而无暇顾及小旭的爸爸妈妈这时终于意识到问题的严重性。不是仅仅给予孩子丰厚的物质条件，就可以解决所有的问题的。

处于青春期的孩子是很渴望他人的尊重的，尤其是来自成人的尊重。有好多家长总是站在自己的角度去为孩子规划未来的生活。像小旭的爸爸妈妈就自认为，只要给小旭提供良好的物质生活环境就可以了。他们并没有站在小旭的立场上去考虑问题,小旭要的是一直在不断变大的房子吗?不,他要的只是自己的家和一个稳定的学习环境以及与小小伙伴们之间的友谊。不停地搬家、不断地转学和不断变化的陌生面孔,让小旭的安全感一点点丧失。

既然父母要成为孩子的朋友,就应该对孩子多一些尊重,多听听孩子自己的意见。如果孩子对自己生活的规划是可行的,就应该让他自己来决定。青春期本来就是一个从儿童状态向成年人过渡的时期。要尝试着把孩子人生的自主权一点点交到孩子自己的手里,让他们对自己的未来做主,并学会承担责任。这是父母对孩子最大的尊重。

朋友之间最重要的就是交流,而交流最重要的莫过于倾听。如果连倾听都无法做到,那还谈什么做朋友。小旭的妈妈在小旭的强烈抗议下,如果静下心来倾听一下小旭的想法,那也不至于到小旭连普通高中都没考上的时候,才幡然醒悟。

四 面对情窦初开的孩子

刚上高一的李宇在军训的时候遇到了让自己怦然心动的女孩。在军训刚结束的时候,李宇就对女孩展开了秘密的追求。女孩对李宇也早有好感,不久两人就私下里走到了一起。

在以高考为最终目的的高中,如果被发现谈恋爱的话,早恋的消息就会像炸弹一样轰然炸开,会把恋爱的双方炸得伤痕累累。不过还好,两人的秘密恋情被隐藏得很好。不仅老师,双方的家长也没有发现,就连同学们知道他们恋爱关系的也是寥寥无几。

有句话叫什么来着?对,要想人不知,除非己莫为。在一个风和日丽的假日,两人出来秘密约会。因为怕遇到熟人,两人选择了到郊区约会。就在李宇正扶着女友走废弃的铁轨时,抬眼望去,李宇看见了一个熟人——自己的老爸正向自己迎面走来。李宇的心脏似乎有那么一瞬间停止了跳动。想跑已经来不及了（老爸已经看到了自己）。其实那天的阳光还是挺温暖的，但李宇却生生地出了一身的冷汗。

李宇在想，老爸会对自己做些什么呢？过来给自己一个耳光，还是臭骂自己一顿？不论怎样，这都会让自己在女友面前抬不起头来。李宇甚至想，如果老爸真的这样做的话，自己就算和老爸大吵一顿，也要在女友面前挽回自己身为一个男子汉的面子。

可是，老爸这时看李宇的表情好像在看一个陌生人一样，就这样，父子俩像陌生人一样擦肩而过。老爸这样的举动除了让李宇松了一口气外，仍然没有消除李宇心头的恐惧感。这难道就是传说中的暴风雨来临前的宁静吗？一下午的约会，李宇都心不在焉。

终于到家了，李宇做好了一切心理准备。可是从进门到吃饭，老爸对此事闭口不提。老爸难道患上了健忘症？就这样，李宇忐忑不安地吃完了饭。饭后，李宇回到了自己的房间。没一会儿，他就听见自己房间的门被敲了几声。李宇的心"咯噔"了一下：暴风雨就要来了吗？李宇说了一声"请进"，进来的人果然是老爸。

老爸一改从前居高临下的教训姿态，反而对李宇讲起了自己的初恋。讲完后，老爸语重心长地说："你已经长大了，也该知道轻重了。你自己好好想清楚，怎么办？你自己做决定。"

"那你为什么没和你的初恋在一起？"李宇不禁问道。

"初恋是美好的，但并不一定适合你的婚姻。"说这句话的时候，李宇似乎觉察出了老爸语气中的惋惜之意。后来，老爸出去的时候神秘地要求李宇："初恋的事儿，是男人之间的秘密。不要告诉你妈！"李宇一愣，一时没反应过来。

后来，李宇与女孩和平分手，并承诺高考后如果有缘，就永远在一起。

青春期的孩子都会对异性产生一些好感和好奇心。这只是他们生理和心理发展的自然现象。有很多家长只要遇到孩子的谈恋爱问题，就会如临大敌。

第二章
青春期，家长准备好了吗？

其实，仔细回想一下，在自己十几岁的时候，何尝不是对异性充满了兴趣。就算表面上装作不屑，但心里还是会对异性格外地关注。既然都有过类似的经历，那么父母也应该能理解青春期孩子对异性的感觉。

不知从何时开始，出现了"早恋"这个有些奇怪的字眼。什么时候男女之间的恋情才叫作"早恋"？没有人能给"早恋"规定一个明确的年龄阶段。似乎是在父母师长没有允许你谈恋爱的时候，你谈恋爱了，那就是早恋了。

而在父母和师长的眼中，但凡早恋就必须严厉禁止，因为这样会严重影响孩子的学习。"学习不好，就考不上好的大学；考不上好的大学，就找不到好的工作；找不到好的工作，你们俩光靠着你们的爱情喝西北风去啊！"这似乎是一个必然的逻辑。

正是基于这样的逻辑，许多家长对孩子的恋爱问题都会持强烈反对的态度。这时，家长们会以过来人的立场去坚决阻挠。可是效果如何呢？

> 在一所高中，有一个男生和一个女生，利用上晚自习前一小时的休息时间，在学校对面小区的树林里接吻。这时，正好被出来散步的女孩的妈妈撞见了。可想而知，女孩的妈妈当时就冲上去，给了女孩一巴掌，并骂女孩不要脸。这真是够剽悍的虎妈。女孩觉得在男友面前很没面子，而且我想她一定也很伤心，毕竟被老妈当众骂自己不要脸。
>
> 不过，这位虎妈做出了更让人咂舌的彪悍举动。当时，她就拽着这对恋人去学校理论，好像是抓住了奸夫淫妇一样。虎妈轻车熟路地很快就找到了孩子的班主任，并不屈不挠地要求班主任给她一个说法。她的意思很简单，我把女儿交给你们学校，是为了让她好好学习，将来考一所好大学的，不是让她来学校，被这个臭小子占便宜的。面对胡搅蛮缠的妈妈，班主任当时也很无奈。
>
> 第二天，连男孩的家长也来了。就这样，在男孩家长和校方的双重致歉下，虎妈总算罢休了。只是，被自己的老妈这样一闹，女孩实在觉得自己没脸待在学校了。没多久，大家就听到了女孩退学的消息。

只是我觉得，就算这个女孩可以去其他的学校重新开始，但虎妈在她青春期留下的这道阴影，是很难抹去的。

　　同样是儿女在高中恋爱的问题，虎妈和李宇的老爸却采取了截然不同的处理方式。李宇的老爸尽管在李宇小的时候，总是采取居高临下的批评教育方式。但李宇的老爸还是很及时地认识到，对待青春期的孩子，不能再用以前的那种长辈式的教育方法了。

　　在碰见李宇和他的女友约会时，他并没有像虎妈似的，冲上前去给李宇一个耳光或臭骂一顿，而是装作陌生人一样，与李宇擦肩而过。这样就很好地维护了李宇在女友面前的尊严。这其实是对孩子的一种尊重。

　　虎妈不仅让女儿在男友面前丢尽脸面，还让此事在女儿所在的学校闹得沸沸扬扬，让女儿在同学面前颜面尽失。青春期，尤其是处在青春期的女孩，是自尊心正强的时候。这个时候，虎妈没有像李宇的老爸一样，站在孩子的立场上，维护孩子的自尊心。这对那个女孩的伤害是很深的。

　　在私下里，李宇的老爸像个朋友一样，和儿子谈起了自己的初恋。他并没有像大多数的家长那样，视高中时期的恋爱为洪水猛兽那般可怕，而是把恋爱与否的决定权交给儿子自己。这时的李宇产生了自己被老爸尊重的满足感。最后，李宇的老爸对李宇说的那句话，不仅会让李宇体会到老爸对自己的信任，还会让李宇觉得自己也是一个男人了，而不再是以前的小男孩了。这样，在李宇心里，身为一个男人的责任感就会油然而生。果然，李宇很好地处理了自己不成熟的感情。

　　想来依虎妈的彪悍行事风格，她自然不会在私底下与自己的女儿谈心，估计少不了对女儿的责骂。在虎妈向学校和男孩的父母讨说法的时候，这件事情像炸弹一样在学校传开，所以，女孩再也忍受不了这样的心理压力，终于退学了。

　　同样的所谓"早恋"问题，通过不同的解决方式，产生了截然不同的结局。家长们，你是想自己的孩子因为恋爱问题退学呢？还是希望自己的孩子像李宇一样，可以自己妥善地解决与异性的感情问题？答案是显而易见的。

　　想要怎样的结局，就得采用怎样的教育方式。

第二章
青春期，家长准备好了吗？

五 给孩子决定权

其实，青春期的孩子，他虽然有属于自己的想法，但他的可塑性还是很强的。你会发现，只要你成为他的朋友，站在他的立场上为他分析问题，他还是会很乐意接受你的建议的。很多时候，孩子都会有属于自己的解决问题的方式。父母所要做的就是站在孩子的立场上去理解他们。

> 王震是一个刚刚高中毕业的17岁男孩。不同的是，他并没有高中毕业后的轻松喜悦之感。因为他没有参加高考，而是选择了直接出国留学。一般情况下，高考过后的孩子们只要接到录取通知书之后，都会充满希望地等待着上大学的那一天。但王震却不一样，出国留学对他来说并不仅仅意味着兴奋，还夹杂着对未来的一种畏惧。
>
> 王震的飞机是下午两点十分左右。上午，王震收拾好自己的行李以后，就拿着篮球出去了。这时，在厨房做饭的妈妈并没有看见他出去。如果王震妈妈看见他出去打篮球的话，一定会说："下午就要飞往美国读书了，这个时候还乱跑什么！"
>
> 到了十二点吃饭的时候，王震还是没有回来，打他的手机是关机。这可把一大家子人急死了，尤其是王震的妈妈。大约快一点的时候，大汗淋漓的王震总算回来了。本来想劈头盖脸地对儿子一顿批评，王震妈妈忽然想起：儿子下午就要飞往美国了，于心不忍，就什么也没说。
>
> 等王震洗完澡出来，就开始狼吞虎咽地吃饭。王震妈妈本来准备了一肚子的话，想嘱咐王震，却不知从何说起。只是怔怔地望着王震狼吞虎咽的样子，倒是王震的外婆一直往王震的碗里夹他喜欢吃的菜，还一直说在美国一定要吃好喝好之类嘱托的话。吃完饭的王震没有片刻耽搁，就启程去了机场。
>
> 但王震的妈妈对此事一直耿耿于怀。多年后，王震的妈妈终于

> 忍不住问王震:"我一直想不通,当年下午的飞机,你上午怎么还有闲情逸致去打篮球啊?我本来还准备了好多嘱咐你的话,也没来得及对你说。"
>
> 王震笑了笑说:"其实,当时才高中毕业就去美国留学,我的心里也没底。到美国,离家那么远,而我又从来没有离开过家。到美国,不仅语言不通而且举目无亲,一切都是陌生的。我甚至都有了退缩的念头。这时我看到了我的篮球,就想去打打篮球看。结果,在打篮球的时候,自信一点一点地找了回来。尤其是在自己投篮的时候,看着自己投的球进篮,自信就会更强烈了。我感觉自己那时候又有了克服去国外留学困难的勇气。"听了王震的这番话后,王震妈妈欣慰地笑了,原来儿子早已长大,早已学会用自己的方式去处理问题了。

王震用了一个很好的解决压力的方法,那就是运动解压法。

既然在孩子的青春期里,父母应该扮演的是朋友的角色,就应该充分尊重孩子,放心大胆地把孩子的问题交给他们自己处理。如果实在觉得孩子自己处理不好或者处理不当,那也不要以命令的口吻去要求孩子应该怎样做。那样,就算孩子意识到自己的错误,也会逆反地坚持,你让我怎样做我偏不怎样做,我就要按着我这个错误的办法做给你看。这样的现象当然是我们不乐见的。

以朋友的身份、建议性的语气和青春期的孩子交流,一定会有意想不到的收获。青春期的孩子虽然有许多举动是我们成年人所无法理解的,比如冬天的时候他们会穿得很少,到了夏天却捂上了厚厚的长裤长袖。但这并不意味着他们的行为是不可理喻的,只要方法得当,他们会接受你的建议并按照自己的思路去解决自己的问题。

但最后一定要把主动权交到孩子的手里,这样会让孩子感觉到你——一个成年人对他的尊重。尊重也是相互的,你尊重他了,他反过来也会尊重你。说不定,还会因为你给的正确建议而敬佩你呢!

第三章
孩子,如何安放你的青春?

在此期间,你会遇到很多问题,也会学到很多东西。有许多美好的回忆,也会有许多不开心的事。那么,主角们,我们该怎样面对成长过程中的快乐与痛苦呢?

不知从什么时候开始，自己的个头儿猛地往上蹿，也不知从什么时候开始，自己的身体好像和以前不太一样了。也不知为什么，自己好像没有以前那么讨厌同桌的那个臭丫头了；同样，真是奇怪，我怎么觉得旁边那个坏小子好像也挺有魅力的。

自己也不知道为什么最近的烦恼好像比以前更多了。和父母的关系也变得不一样了，以前总是觉得自己的爸爸或妈妈好像无所不能，现在看来，他们也不过如此，只是普通人罢了。以前，自己遇到了一些问题，都会主动地跟爸爸或妈妈说并寻求他们的意见或帮助，现在却觉得父母那些老古董的想法实在让人窝火，倒情愿和伙伴们在一起聊聊天儿。

果真这样的话，那你就到了自己人生最关键、也最美好的时期——青春期。青春期是一个比较漫长的时期，一般是指10~20岁这个年龄阶段。但是青春期的开始，男女是有很大差别的。一般来说，女孩子的青春期比男孩子早，大约是10~12岁的时候开始，而男孩子则从12~14岁才开始。

在此期间，你会遇到很多问题，也会学到很多东西。有许多美好的回忆，也会有许多不开心的事。那么，主角们，我们该怎样面对成长过程中的快乐与痛苦呢？

一　自己好像和以前不一样了

青春期到了，男孩和女孩在生理方面的区别就更明显了。你会发现自己好像和以前不一样了。其中一个重要的特征就是性的发育和成熟，标志着人体生理发育的完成。也就是说，这时的你不再是一个小孩子了，你的生理机能逐渐向成熟男性或女性方面靠拢了。

这个时期，女孩主要表现在乳房隆起、体毛出现、骨盆变宽和臀部变大等。在性的机能上也趋于成熟，性腺的发育成熟使女孩出现了月经。当女孩第一次出现月经现象时，都会或多或少有一些恐惧感。

> 然然是一个初一的女生，由于自己发育较早，妈妈还没来得及和她讲关于女性青春期身体变化知识的时候，她就迎来了自己的第一次月经来潮。在一个早晨，睡梦中的然然被一阵剧烈的疼痛给惊醒了。接着，然然又感觉到小腹一阵阵剧痛。捂着肚子的然然向厕所狂奔，她以为可能是自己吃坏了肚子，但又感觉这次的疼痛和以前拉肚子的疼痛好像不太一样。
>
> 褪下内裤的然然，赫然看见了内裤上的一片血色。这可吓坏了然然，然然以为自己得了癌症，快要死了。这时然然哭喊着叫妈妈。然然妈妈听到女儿的哭喊声，马上赶到厕所，关切地询问然然怎么了。然然哭着说："妈妈，我快要死了。我内裤上全是血，好可怕啊！我不想死，呜呜！"
>
> 这时，然然的妈妈才意识到女儿到底发生了什么。然然的妈妈耐心地对然然说："别怕，你不会死。这只是说明你长大了。每个女孩都会经历这样的事情，是很正常的。如果你不出现这种情况，妈妈反而要担心了。"听到妈妈这样说，然然终于放下心来。
>
> 后来，然然的妈妈以然然的身体不舒服为由，向然然的班主任请了一天的假。然然的妈妈又向她讲述了卫生巾的使用方法以及在月经来潮期间不能吃生冷的食物等注意事项，并叮嘱然然要好好休息。

其实，月经来潮只是一种很正常的生理现象罢了。这说明你已不再只是一个小女孩了，你已具备了孕育生命的能力。在月经期间，女性的身体处于比较脆弱的状态。那么，在月经来潮期间，又该注意哪些问题呢？

1. 月经来潮期间，要保持外阴清洁，勤用温开水冲洗，不要坐浴；
2. 注意用合格的卫生巾；
3. 经常保持精神愉快，适当参加文娱活动，可调节由于经期内分泌变化

第三章
孩子，如何安放你的青春？

引起的烦躁、郁闷的心情；

4. 要适当忌食生冷、保暖，防止因过度劳累而引起盆腔充血，不要游泳；

5. 少吃刺激性食物，多吃蔬菜和水果，保持大便通畅；

6. 经期大脑兴奋性下降，易出现疲劳和嗜睡，情绪波动大，因此最好不要喝浓茶、咖啡等，同时注意有规律的生活和充足的睡眠。

这些都是女性月经来潮期间应该注意的基本常识，尤其忌讳月经来潮期间食用生冷的食物。特别是在炎热的夏季，冷饮是人们消暑的必备品，这时，千万不要因为一时贪嘴而去喝冷饮。

在青春期时，男孩的生理变化主要体现在长出胡须、喉结突出和嗓音低沉、体毛明显等。在性的机能上也趋于成熟，主要表现在男孩发生遗精。

> 小晨是一名初一的男孩，他最近总是做一些比较奇怪的梦。醒了之后，下身一片湿湿的感觉。想到梦中的景象和现在的这种情况，小晨一阵脸红，忽然有了一种罪恶感。之后的一段时间，小晨似乎总是会出现这种让他尴尬和内疚的事情。小晨也不知道自己是怎么了，这种事情好像并不是他所能控制的。

大部分男孩在青春期都会遇到遗精的现象，这是一种很正常的生理现象，这也说明你具备了和女性一起创造生命的生理条件。

青春期是长身体的高峰期。这个时期，你会发现自己好像是突然长高了，明明前一段时间穿上还挺合适的衣服，现在穿着却变小了。有的小孩会对自己的妈妈喊："妈妈，我的衣服又变小了！"其实只是你长高了而已。不仅仅会长高，体重也会随之变化。

不过，由于女孩比男孩先发育，所以在青春期早期，女孩一般比男孩长得高。男孩们也不要着急，在迎来属于你的青春期后，你会发现用不了多长时间，你就会超过那些女孩的。

青春期的生理发育也存在个体差异。有的孩子发育得比较早，而有的孩子就比同龄人发育得晚。

王伟就是一个在青春期比同龄人发育得晚的初二男孩，为此他很苦恼。他已经15岁了，可是看着自己身边的男同学和自己的好朋友都长得很高，而自己却还没有同班的一些女同学高，这让他很自卑。而且自己的男同学们大部分都已经变声了，不仅如此，他们的脸上都开始出现或多或少的胡须，而自己的声音还是像以前一样那么尖锐，和女孩子的声音没有太大的区别，自己的脸上也干净得一根胡须也没有。这些，都让他在那些男同学的面前抬不起头来。

　　最要命的是，他们班有比较调皮的男同学还给他起了一个外号，叫作"王妞"。嘲笑他不仅长得很矮，声音还是尖尖细细的，脸蛋干净得像女孩的脸，根本就没有胡子。他有时候甚至怀疑是不是自己的身体有毛病，才导致了他迟迟不发育。

　　有一次，他和班里的一个男同学起了争执。在气急之下，那位男同学指着他说："就你，也算个男人？"当时的王伟就像是被霜打的茄子——蔫儿了。这件事情的发生，让王伟变得更加郁郁寡欢起来。

虽然男孩子的青春期一般是从12~14岁开始，但并不意味着所有男孩的青春期都是在这个时间开始的。其实，比一般的青春期开始的时间晚个一两年，也是在正常时间范围内的。

王伟的身体一点儿问题也没有，他的身体只是按照自己的生理时间表在成长发育罢了。他只需要等上一年或两年的时间，就会像班里其他男同学一样长高、变声和长出胡须，这只是迟早的问题。千万不要因为自己和别人的不同而自卑，影响心情。

并非只有为自己发育比同龄人缓慢而苦恼的孩子，比同龄人提前进入青春期，生长发育更早的孩子也会面临与同龄人不一样的烦恼。

第三章
孩子，如何安放你的青春？

> 赵静是一所小学五年级的学生。看得出，她已经开始发育了。赵静不仅胸部发育比班里其他的女同学要明显得多，而且，她已经月经来潮了。在月经来潮期间，赵静从来不会在学校上厕所，因为她怕被其他的女同学看见而嘲笑自己。她更怕别人把自己月经来潮的事实传扬出去，因为她觉得这样很丢脸。
>
> 如果说，月经来潮的事情可以通过不在学校上厕所掩饰的话，那胸部的提前发育就是比较明显的事实了，没有任何办法瞒住别人。为此，赵静也是苦恼不已，她甚至都不敢直起腰。但逃避似乎不是解决问题的方法。

比同龄人提前发育也是一种正常的现象。你所要做的就是心平气和地接受这一切，没有必要为正常的生理现象而苦恼。

性的发育和成熟是青春期发展的必然结果。尽管如此，青春期孩子们面对自己在性方面的生理成熟和发展，还是会出现怀疑、慌张、苦恼等一系列心理问题。在面对这些问题时，主角们，你们该怎么办呢？

首先，你要意识到身体出现的一系列生理方面的变化是正常的自然现象。不要对自己的生理变化产生怀疑和苦恼。

其次，如果确实出现了关于性方面的无法解决的问题，不要盲目地看一些不健康的刊物或光碟，去满足自己在这方面的好奇心。你可以向自己的父母咨询一下这方面的问题。不要觉得不好意思，其实你的父母早就有这方面的心理准备。因为他们也清楚对于进入青春期的你们来说，性是一个避不开的话题。

青春期还是你的大脑迅速进化的关键期。这个时候，你的大脑容量与功能逐渐趋近于成年人的水平，记忆力的发展也处在黄金阶段。这个时期，你的记忆力不像儿童时期只会死记硬背，比儿童时期的你多了一种意义记忆的功能。不仅如此，你的记忆力还比成年人要好得多，因为成年后人的记忆能力便从峰值逐渐下降。

或许就是这样的生理原因，青春期不仅是长身体的高峰期，更是学习的好时期。可能一提到学习，大部分青春期的孩子都会头疼。但为了当青春不再时让自己少些悔恨，还是应该在自己大脑容量允许的情况下，多往自己的脑袋里装些东西。

二 为什么总是控制不住自己？

处在青春期的孩子，往往会发现自己在这段时期里，心理和言行发生了很多变化。他们开始拥有自己的小秘密，不愿让他人介入，比如对别人翻看自己的东西很反感；偷偷地写日记，自己向自己倾诉内心的秘密；在与别人的交往中，也不像少年时代那么坦率了。

如果发现自己的父母没经过自己的同意而擅自进自己的房间，总是觉得自己的隐私好像被侵犯了，就会对父母发火，有时候自己也不知道是怎么了。小时候，父母不是经常没经过自己的同意就进自己的房间吗，那时候也没见自己有这么大的火气。

其实，这只是青春期孩子心理发展的必然结果。随着年龄的增长，他们会越来越要求自己的私人空间和自己的隐私权。如果发现父母不尊重他的隐私权，他不仅会大发雷霆，而且以后对父母只会越来越叛逆。

> 李薇不知从什么时候开始有了写日记的习惯，或许是从遇到他以后开始的吧。李薇自己也记不清了。李薇每次写完日记，都会把日记本锁在抽屉里。李薇只想自己一个人好好守护住这一份美好，不想让同学们知道，更不想让自己的父母知道。
>
> 有次，大约晚上10点半，李薇的妈妈看女儿屋里的灯还亮着，以为女儿还在拼命苦读，不禁有一丝心疼，就为李薇热了一杯牛奶，并想提醒李薇该休息了。谁知当她推门进去的时候，看见李薇慌慌张张地在藏一个本子，随后就听到李薇的责怪："妈，你怎么不敲门就进来了？"李薇的妈妈没有说话，放下牛奶就出去了。这件事情让李薇很不愉快。但李薇的妈妈却想着找机会偷看李薇的日记，了解

第三章
孩子，如何安放你的青春？

李薇最近都遇到了哪些问题。

在李薇的疏忽下，李薇的妈妈配了一把李薇抽屉的钥匙。趁李薇上学的空当，打开抽屉，翻看了李薇写的日记。就这样过了好些天，李薇都没发现。但有一天，李薇上学忘带英语课本了，就折回去拿课本。谁知，一进自己的房间，就看到了妈妈偷看自己日记的一幕。李薇当时非常气愤，上前就从妈妈手里夺回自己的日记本，并大声对妈妈喊："你怎么能这样？这是我的隐私！"

李薇的妈妈也感觉有些不好意思，她却对李薇说："我只是为了了解你的问题才这样做的。我是你妈妈，我这样做是为了你好。还有，日记里的那个男生是谁？千万不能因为这样的事情影响你的学习。"李薇气急地说："我的事不用你管！"

后来，李薇妈妈与李薇的姑妈聊起这件事。李薇的姑妈很吃惊："青春期的孩子本来就对自己的隐私很看重，连进一下他们的房间都不让，你居然偷看薇薇的日记！再说，青春期的女孩对自己班上的某个男孩子有好感，也很正常啊！没必要这么大张旗鼓的。咱们年轻的时候不也是这样的嘛！"这时，李薇的妈妈才意识到自己这样做的确是错得离谱。

到了晚上，李薇的妈妈就为日记事件对李薇道了歉。李薇什么话也没说。只是在那起日记事件发生后，李薇总是会无缘无故地对妈妈发火，虽然她也不想这样。其实日记的事情她的确已经原谅妈妈了，但为什么总是控制不住自己的情绪？每次发完火，她自己也很后悔，但碍于面子，她并没有为自己没来由的发火向妈妈道歉。

青春期孩子们都会有一定程度的"自闭心理"。这很正常，无需为此改变自己。一般情况下，青春期孩子的这种心理主要表现在：偷偷地写日记；有些问题喜欢自己藏在心里，不会像以前一样那么坦率地对父母或伙伴们说；在发现别人乱翻自己的东西时，或父母没有经过自己的同意就擅自闯进自己的房间，会控制不住地发很大的火。

其实，对于这种现象，青春期孩子完全可以对父母讲清楚："我已经长大了，有属于自己的、不想被他人知道的隐私。希望你们能够尊重我。"我想，你的父母一定能够理解你，毕竟他们也有过自己的青春时光。

李薇原谅了妈妈未经过自己同意就看自己日记的事情。可为什么她总是无缘无故地对妈妈发火呢？而且，发过火以后又会很懊恼。

这是大多数青春期孩子都会遇到的问题。有时候，总觉得心底有一些无名火，大部分情况下，会对自己的父母发出来。但发过火后又会很后悔，觉得这又不是父母的错，自己为什么对父母发火？但下次发火的时候，还是控制不住自己。

青春期的情绪在一生中可以说是最猛烈的时候，这是因为青春期时人的大脑皮质是最活跃的。所以，青春期孩子往往觉得自己很难控制住情绪。

虽然因为生理的原因，青春期孩子们很难控制自己的情绪，但可以用一些适当的方法去转化自己的不良情绪。

李薇之所以会有这些无名火，可能是她在学校遇到了让自己烦恼的事情，这些情绪就是焦虑的表现。李薇无法对朋友和同学发火，因为可能会影响自己和朋友的友谊。所以，她只好对妈妈发脾气，因为在李薇的潜意识里只有妈妈会对她无缘无故的坏脾气持无条件包容的态度。

但不能总是通过对父母发火来缓解自己的焦虑情绪，况且这样不仅会伤害父母，对焦虑情绪的缓解也不会有特别好的效果。那么，到底该采用哪些有效的方法来缓解自己的不良情绪呢？

（1）运动法。在运动过程中，不仅可以把你对问题和烦恼的注意力转移到运动过程中来，而且，在运动过后，你的身体虽然大汗淋漓，却感觉到一种格外轻松的舒畅感。而身体上的轻松、舒畅也会感染你的情绪，对不良情绪的缓解是很有益的。

特别是竞技性质的体育运动，比如打篮球或踢足球，在运动的过程中会让你重拾自信。这时你那爆满的自信心会让你战胜自己的焦虑情绪。

（2）音乐法。音乐对抗焦虑也是很有效的。在倾听音乐的过程中，不仅肌肉松弛，而且心情愉悦，精神也会很放松。

当你感觉到自己有不良情绪的时候，可以选择几首自己喜欢的曲子，但一定要让自己感觉到轻松愉快。让自己安静下来，选择一个自己觉得舒服的姿势躺在床上或坐在椅子上——记住，一定是自己觉得舒服的姿势——将音量调到自己觉得适当的水平，闭上眼睛，静静地集中注意力听曲子，10~30分钟就可以了。这时，你会感觉到自己的焦虑情绪减轻了不少。

乐曲的选择非常关键，尽量听一些舒缓、轻柔的音乐，不要听那些激烈的摇滚音乐和比较伤感的音乐。因为激烈的摇滚音乐只会调动起你的情绪，而遇到不良情绪时，我们需要的是平复自己的情绪，让自己安静下来，而不是听摇滚音乐让自己癫狂起来。伤感的音乐只会把伤感的情绪传染给我们，本来焦虑的情绪还没有缓解，又多了一种伤感的情绪，这无疑是雪上加霜。

（3）食物法。好多人心情不好的时候都喜欢买许多零食吃，好像吃完之后，自己的不良情绪就和食物一样被吃掉了。其实，这也是因人而异的。但是，在你焦虑的时候，的确可以吃一些能相对缓解焦虑的食物。比如，香蕉和全麦食品。香蕉里含有一种被称为生物碱的物质，而生物碱可以振奋精神和提高人的信心。虽然全麦食品的效果有些缓慢，但据研究，从全麦食品中发现的微量矿物质也可以起到振奋精神的作用。这可以说是从生理的角度来改变情绪的方法。

在人们产生不良情绪的时候，身体内会产生一些物质，致使人们精神低落和没有自信心。而有些食物中就含有可与人体中的这些物质相对抗的元素。人们食用过这些食物后，焦虑的情绪也会相对减轻不少。

这三种方法只是很常见和比较有效的方法，可能并不适用于所有的人。当青春期孩子们遇到不良情绪的时候，可以试试这些方法。如果实在没有效果，你可以采用属于自己的方法。但请用适当的方法，不要伤害他人，也不要伤害自己。

三 学习让你焦虑吗？

由于青春期的孩子正是处在学习的高峰期，这个时期初中时的学习压力还是青春期孩子可以承受的，但高中时期突然加重的课业压力使得青春期孩子不仅会出现不适应的现象，而且学习成绩的下滑会使得原有的不良情绪迅速发展成对学习成绩的焦虑。青春期孩子会发现，越是焦虑，学习成绩就越是不理想，这让大部分青春期孩子苦恼不已。

初中三年，同学们都养成了各自不同却适合自己的学习方法。而且，在初中三年的时间里，大部分学生的各科老师都不会更换。所以，在这三年里，同学们早已习惯了这个老师的教学方法，上了高中忽然换个老师教自己，会觉得很不适应，从而会在潜意识里产生一种对新老师的抵触情绪。

其实，在大部分青春期孩子中，上学时都会有这样的经历：你越是喜欢哪个老师，这个老师所教授的学科，你就会学得越好。也就是说，你的学科成绩在某种程度上和你对任课老师的态度有很大的关联。

> 张佳，在初中时期很受老师们的喜欢和重视。在初中三年内，她的学习成绩一直名列前茅。后来，在中考时，张佳取得了优异的成绩，考上了当地一所重点高中。在考上重点高中的喜悦之中，张佳却觉得很难过，因为这就意味着要和自己的初中生活告别了，更让人伤心的是，要和那些自己敬重的老师们分开了。
>
> 开学了，刚步入高中生活的张佳感到一切都很新奇。可是好景不长，张佳很快就遇到了学习上的困难。张佳总是觉得自己以前的那种学习方法还是挺有效率的，谁知那种学习方法好像并不适合逐渐加重的高中学习任务，这让张佳学习起来很是吃力。更要命的是，张佳的课堂听课效率也比在初中时低多了，她实在很难适应现在老师们的讲课方式与速度。

在初中时，一般情况下是一个学期讲一个学期的课。在这样的条件下，初中的老师们会把课讲得很详细。大部分时候，还会讲习题册上的问题，可以说，在整个初中的学习过程中，老师们都是手把手式的教学方式。而且，相对于高中时期，初中时期的课业压力不仅在数量上少，在难度上也比高中时期要低很多。

但是，高中就不同了。高中老师们会把三年的课程在两年内讲完。因为，最后一年是要为迎战高考而做准备的大复习阶段。所以，课程的进度是很快的。大部分时候，老师们讲完一课后，根本就不会讲习题，直接进入下一课。所有的消化吸收基本上都交给了学生自己。大部分高中都是这

第三章
孩子，如何安放你的青春？

个样子的。

> 就在张佳为无法适应老师们的教学方式而苦恼时，很快就迎来了第一次月考。张佳很是紧张，因为她还没有做好考试的准备。考试过后，张佳的成绩下滑得很厉害，她从来没有考过这么差的成绩。这样的成绩加上实在跟不上老师们的讲课进度，这让本来就很郁闷的张佳焦虑起来，甚至产生了放弃考大学的念头。

大部分青春期孩子在刚步入高中生活时，都会遇到这种因无法适应新生活而出现成绩下滑的现象，这些都是很正常的。但是，遇到问题不能一味地逃避和焦虑，而不主动地去解决问题。

一般说来，产生这样后果的原因有三个：

1. 学习压力大。进入高中，各科学习难度比初中都有较大的提高，有的科目考试成绩甚至会亮红灯，心理落差大。尤其是原先在初中时期学习很优秀的学生，如果学习成绩一落千丈，心理落差会更大。

2. 与同学关系处理不好。刚开学，同学之间缺乏了解，因为陌生而产生距离感，没有归属感，因而产生孤独、无助等不良情绪。

3. 青春期孩子在这个时候一般都不会主动向家长和老师说明自己遇到的这些问题，一个人死扛。有的青春期孩子还拒绝家长和老师们的建议和批评。

这些原因中的任何一项都会导致刚刚步入高中时期的青春期孩子难以适应新的学习和生活环境。

遇到这些问题的青春期孩子可以选择这样做：

1. 因学习成绩不如以前而产生了心理落差之后，应该积极地去调节自己因这种心理落差滋生的不良情绪。比如，去参加一些活动或听听音乐，转移一下自己的注意力。

2. 到一个陌生的环境里，人们都会因陌生而没有归属感，感到孤独和无助。这个时候，你应该鼓励自己去和陌生的同学交往，告诉自己，我很勇敢。鼓起勇气和同学们交流，过不了多久，你就会结交到无话不谈的好朋友。当你遇到开心的事情，有人和你一起分享；遇到不好的事情，有人和你一起分担,这样你的烦恼也会减轻不少。

3. 不要总是觉得老师和家长与自己有代沟,他们的意见根本不值得一听。当你在学习和生活中遇到困难的时候,主动地去和家长、老师交流并适当地听取他们的意见,你会发现效果还不错,总比坐以待毙、死扛要好得多。

其实,张佳的问题并不大。她应该主动去找老师谈谈并听取老师的意见。经常鼓励一下自己,让自己重新树立对抗学习困难的信心。

四 冲动让你悔恨吗?

青春期是一个人一生中大脑皮质最为活跃的时期。这个时期的孩子做事也是最容易冲动的。所以,青春期孩子的犯罪率一直居高不下。可是,在关键时刻怎样去克制自己冲动的情绪呢?

15岁的李杰因两年前就开始沉迷于网络,学习成绩陡然下降,初中还没有毕业便辍学了。就这样,李杰一直待在家里。可是,这么一直在家待着也不是个事,所以,李杰的妈妈就让他照看家里经营的台球厅。

由于对网络的沉迷,李杰就把看台球厅挣的钱拿去上网。后来,李杰的妈妈发现儿子拿台球厅的钱去上网时,就不再让李杰看台球厅,并断了李杰的零花钱。没有经济来源的李杰实在受不了网络的诱惑,脑袋里灵光一闪,就想到了偷。

李杰先是偷了爸爸1500多元,在网吧待了一个星期。李杰的爸爸知道后很是生气,对李杰拳打脚踢了一番,并警告他不要再干这种事情。可是,对于沉迷在网络里的李杰来说,这样的打骂已经起不到任何作用了。不过,李杰还是在家安安生生地待了几天。没过多长时间,无所事事的李杰网瘾就又上来了。

网虫攻心的李杰在家找了很久,都没找到钱,这让李杰很是沮丧。这时,李杰冒出了新的念头,他可以晚上趁天黑去爷爷奶奶家

第三章
孩子，如何安放你的青春？

偷钱。等到晚上，李杰翻过了爷爷家的墙，蹑手蹑脚地来到窗前，还好窗户没关，从窗户翻进屋子的李杰摸黑在屋子里翻来翻去，也没找到钱。

这时，李杰的奶奶听到了动静，起来去看到底发生了什么事。当李杰的奶奶看到一个黑影后，大喊了一声"抓贼啊"，这时，正在专心致志找钱的李杰吓了一大跳，为了不吵醒爷爷，冲动之下就拿桌上的菜刀向奶奶砍去。没几刀，李杰的奶奶就倒在了血泊中。

听见喊声，李杰的爷爷赶紧冲过来，这时的李杰脑袋一片空白，不顾一切地向爷爷砍去。幸好，只是砍到了胳膊，受伤的爷爷赶紧捂着伤口跑出了家门。李杰在爷爷家翻了很久，也没找到钱，就赶紧从爷爷家出来了。这时，恢复了一点理智的李杰才感到一阵后怕，他不敢回家，只好先找了一个地方，躲了起来。

在这个地方躲着的时候，李杰想了很多。这时的李杰才算是幡然醒悟，非常后悔。他想起了奶奶对他的好。李杰的奶奶很疼李杰，有什么好吃的都会给李杰留着，还总是偷偷地塞给李杰零花钱。思来想去，李杰决定去自首。

因李杰未满16周岁，且又是自己主动投案自首，他被送到了劳教所进行再教育。在劳教所的李杰只要想到奶奶是被自己砍死的，就悔恨不已。他对采访的记者说："当时没有想那么多，只是想拿到钱后去上网，根本没想伤害自己的爷爷奶奶，都是一时的冲动。"

其实，像李杰这样因一时冲动而做出让自己终身悔恨的事情的青春期孩子不在少数。

虽然青春期的脑部发育逐渐趋于成年人，但是近来研究人员发现，青春期孩子的大脑还是和成年人的大脑有很大不同，特别是当他们处在压力下或者要做冒险性决定的时候。据研究，相比成年人，青春期孩子在面对压力时更加紧张。当做冒险性的决定时，青春期孩子大脑的奖赏系统比成年人更活跃，他们就会做出比成年人更加冒险的选择。

造成这一差别的原因,很有可能是来自青春期孩子的大脑和成年人的大脑中的脑前额叶的不同(脑前额叶是专门负责权衡某个行动可能带来的后果的)。而在青春期孩子的大脑中,它尚未发育成熟,这就是为什么青春期孩子做事常常考虑不周全的原因。

当然这只是生理方面的原因,还有一个不可忽视的重要因素,就是青春期孩子还没有受到社会的历练和岁月的积淀。青春期正是一生中关键的学习阶段,对未知的世界有着强烈的好奇心和追求。青春期孩子会大胆地去尝试,有了目标,就会想方设法去实现,而因为不知道后果的严重性,所以会不计后果,不顾危险,行事冲动。对于成年人来说,经验多了,教训多了,知道的事情多了,即使是新鲜事物,也会根据以往的经验判断之后再采取行动,而不会盲目和冲动地随着自己的性子来。

某日下午6时许,16岁的高二学生小江放学回到家属院,在自家楼梯口前,正巧遇到楼上的女邻居——23岁的王欣上楼,便上前打听她家昨晚放的录像片,并提出想借影碟回家看看的要求。

好心的邻居对小江的要求满口答应,二人便进入位于5楼王欣的家中。王欣一进屋子,便热心地帮小江找影碟,这时的小江无所事事地四处张望。谁知看到了王欣家桌子上放着一些钱,小江想起自己的零花钱因上网全部花光了,就产生了想把那些钱拿走的冲动。

趁王欣不注意,小江冲到桌子前,把所有的钱都拿走了。这时,王欣已经反应过来了,在小江还没来得及开门的时候,王欣紧紧地抓住小江,不让小江走。两人就这样扭打起来。在扭打的过程中,王欣的衣服被撕破了。小江看见王欣的女性躯体,居然有了一种莫名的性冲动。

于是,小江强行扒下王欣的衣服。这时望着一脸凶狠的16岁少年,王欣被吓得惊慌失措,竟丝毫不知反抗和喊叫。王欣的顺从给了小江机会,于是小江对其实施了猥亵和奸淫。随后,小江拿着桌上的那些钱扬长而去。

第三章
孩子，如何安放你的青春？

> 后来，小江被依法逮捕，这时的小江对自己因一时冲动所犯下的罪行也是悔恨不已，而自己的大好青春年华只能在监狱里度过了。

青春期孩子由于一些生理方面的原因和社会经验的不足，总是很容易做出冲动的事情来。而自己年轻的生命又实在承担不起这些冲动引起的沉重后果。

这些悲剧并不是必然的和不可避免的。那青春期孩子到底怎样才能战胜这冲动的魔鬼呢？

1. 呼吸法。在冲动的时候，先做一下深呼吸。研究表明，多做几次深呼吸，可以使自己的情绪在一定程度上冷静下来，这时的你就会恢复一些理智，可以想象这样做的后果。一般，只要想到严重的后果，人们都会产生一种害怕的心理，害怕的心理在一定程度上会抑制冲动的情绪。

有时也不用深呼吸。当你很愤怒的时候，可以尝试平稳自己的呼吸，慢慢地呼吸，这时你愤怒的情绪也会减少很多。这样就不会在愤怒情绪的主导下去做一些冲动、叫自己后悔的事情。

2. 转移法。可以适当地转移一下自己的注意力。比如，你在和同学聊天的时候，因一些不同的意见起了争执。大部分人都会按照自己的想法继续争执下去，结果两人争得面红耳赤，谁也不服谁，这样做只会有损于你们的友谊。你可以转移一下话题，把你们两人的注意力引到另一个话题上，你们就不会再争吵下去了。

当你被冲动的不良情绪所笼罩的时候，你不要把自己的注意力一直集中在这些让你冲动的事情上。你可以去干些其他的事情，比如，做做运动、听听音乐等。当你的注意力转移到其他事情上，你就不会因为刚才发生的一切而去做一些让自己后悔的事情了。

3. 洗澡法。或许这个方法有些好笑，但据研究表明，洗澡的确能很好地放松人们的身心。大家都有过这样的体会，洗澡过后，身心会觉得很舒服，也很轻松，好像许多让自己烦恼的事情都被水冲洗掉了。当你实在控制不住自己情绪的时候，你可以去冲一个凉水澡，这的确是一种可以让你迅速冷静下来的方法。

　　李杰和小江的悔恨都是可以避免的，只要他们在做这些事情前多想想严重的后果，就不会发生这样的悲剧了。

　　青春期孩子正处于人生的关键期，千万不要在一时的冲动下，做出让自己悔恨一生的事情。运用各种技巧去战胜冲动的魔鬼，青春期孩子也一定能做到。

五　父母让你失望吗？

　　一个小男孩向另一个小男孩炫耀自己的爸爸会开汽车，另一个小男孩不服气地说："我爸爸会修家里的各种东西，我的玩具小火车就是他给我修好的。我爸爸最了不起了。"

　　相信大部分青春期孩子听到这两个小男孩的对话，都会觉得这两个小屁孩真幼稚。不是你们的爸爸了不起，是你们懂的太少而已！其实，这两个小男孩何尝不是曾经的我们。只是，我们早已不记得从什么时候开始，自己不再像那两个小男孩一样去崇拜自己的父母了，而且似乎总是在和父母对着干。

　　这并不是什么错，只是青春期一种必然的发展趋势罢了。在你幼年的时候，这个世界对你来说一切都是新奇的，你的大脑和身体虽然也在飞速地发展，但这个时期主要是你对外界的一切进行模仿的时候。大部分情况下，你不会有属于自己的想法，因为生理条件以及你的经验都不允许你去创造。这时，你的父母似乎是无所不能的，他们有着属于成人的大脑和几十年的人生经验。你会很崇拜你的父母，你也会向你的小伙伴们炫耀你的爸爸会这个或你的妈妈会那个。

　　随着年龄的增长，你的大脑逐渐趋近于成年人，人生经验相对幼儿期也有所增长，学习方式不再仅仅局限于模仿的阶段，你有了自己的创造，所以，你会觉得父母的那一套是多么老古董。这时的你会发现，自己的父母不是无所不能的，你的父母只是平平常常的普通人。你不再崇拜自己的父母，而转向崇拜从书本上、电视上、网络上了解的那些名人或明星。

第三章
孩子，如何安放你的青春？

芊芊今年14岁了，上初中二年级。这一年，她和班上的另一个叫品儿的女孩成了好朋友。只是，这个叫品儿的女孩在学校里的名声很不好。据说，品儿不仅带头打架，而且和社会上的一些男青年有扯不清的关系；衣着也很另类，从来没见品儿穿过校服；跟班里的一些男同学也有着暧昧的关系。

其实，芊芊早就对品儿有所耳闻。以前，芊芊对品儿都是敬而远之的，因为芊芊从小就是那种乖乖女，而且芊芊的妈妈也经常教育她不要和"坏孩子"一起玩儿。本来，芊芊这样的女孩和品儿这样的女孩基本上是不会有什么交集的，她们两个人的认识完全是一场巧合。

芊芊是班里的文艺委员。有一次，芊芊负责做班里的板报，走得有些晚了。那时候，学校里和街上几乎没有什么人了。芊芊这时一边想板报的事，一边低着头走着。谁知有几个小混混迎面走来，芊芊一时没反应过来。这几个小混混围住芊芊说："小妞长得还挺漂亮的，陪老子玩玩儿吧！"这时的芊芊吓坏了，她从来没有遇到过这样的事，一时竟不知该怎么办了。

就在这时，品儿刚好过来，看见了这一幕。品儿本来也没想多管闲事，只是好像瞄见了那个女孩穿着他们学校的校服，想到既然是自己学校的，就不能坐视不理。她上前去，喊了一声：放开她！"

听到这句话，小混混们还以为是哪个不长眼的臭丫头，居然玩起了"路见不平拔刀相助"的游戏，正准备给这个臭丫头一点儿颜色看看。谁知，一转身看到了品儿。品儿也算名声在外了，那几个小混混知道自己遇到了惹不起的主儿，好汉不吃眼前亏，就赶紧灰溜溜地走了。

这时缓过神来的芊芊对品儿很是感激。品儿耸了耸肩，什么也没说就走了。但这件事情让芊芊改变了对品儿的看法。后来，在多次的交流中，品儿发现芊芊的许多想法和自己还挺相似的，就对芊芊刮目相看了几分。而芊芊也逐渐发现，品儿并不像传说中的那样

> 儿，品儿只是一个敢于按自己想法活的女孩，而且品儿还是个很讲朋友义气的人。是有几个社会青年喜欢品儿，但品儿从来没有答应过，反而和那几个社会青年拉开了距离。所谓和班上男同学的暧昧关系，那只是品儿和那几个男同学的哥们儿义气罢了，根本没有男女之间的感情。那些传说只是学校里一些同学捕风捉影、以讹传讹的谣言罢了。
>
> 后来，芊芊和品儿就成了无话不谈的好朋友。芊芊的妈妈知道了这件事，她认为虽然品儿救过芊芊，但是芊芊还是不应该和这样的女孩子在一起，这样会把芊芊带坏的。芊芊的妈妈先是找芊芊谈话，她希望芊芊能主动和品儿结束这段友谊。谁知芊芊不听，还对她说品儿其实不像她想的那样，品儿也是个好女孩。
>
> 这让芊芊的妈妈更加火冒三丈。无奈，芊芊的妈妈只好去找品儿，她对品儿说，她不希望芊芊被品儿带坏。品儿什么也没说，只是主动和芊芊拉开了距离。后来，芊芊还是知道了妈妈去找过品儿的事，这让芊芊觉得妈妈真是一个不可理喻的人，她对妈妈也就越来越冷漠了。

长大了，与父母的沟通似乎更难了。一方面是有了自己的想法，一方面父母似乎并不会认真倾听自己的想法。于是，青春期孩子们索性"我行我素"下去，干脆不和父母沟通了。一味地按照自己的想法去做，不听取父母的意见。甚至，有些叛逆少年不管对与错，只要是父母的意愿就违背，典型的你叫我往东，我偏往西。这样不仅对自己没有好处，还会使你与父母之间的关系越来越冷漠。

或许，青春期孩子们还无法意识到父母的不易。有一个较好的方法能让大家体会到父母的艰辛，不仅如此，还会让父母体验到我们的难处，那就是"亲子换位法"。

挑选一个周末休息的日子，父母和孩子的角色进行一下调换。也就是说，孩子这时候是家长了，他不仅仅拥有平时家长们拥有的权利（例如，可以对扮演孩子的家长呼来喝去等），而且必须履行身为家长的义务（例如，洗衣做饭，计算这两天的生活费等）。父母们这时要放低身段，不要仅仅觉得这只是一个游戏，随时准备破坏规则，就当是放松一下，不用操心地好好当回"孩子"，还能让孩子得到锻炼和体会自己的难处。

就算是这样的一个小游戏，也无法让青春期孩子们完完全全地体会到做父母的不易。在这个时候，你并不会体会到作为母亲生育的痛苦（据说，所有身体上的疼痛就数生孩子时最为剧烈）；你也无法体会作为父亲在社会上打拼的辛苦。只有当你真正到了为人父母的时候，才会真正体会到"养儿方知父母恩"这句话的含义。

所以，青春期孩子们不能仅仅要求父母站在自己的立场上，自己也应该尝试着去理解父母，不要只指望着父母来和你沟通，自己也可以主动一些。

芊芊可以和自己的妈妈解释一下自己和品儿的友谊，不仅仅在言语上告诉自己的妈妈，品儿是一个值得交的好朋友，而且要在实际行动上去证明。芊芊可以试着将品儿请到自己家，去和自己的妈妈心平气和地好好谈一谈，让自己的妈妈更深入地了解品儿。

芊芊要相信自己的妈妈，既然自己这么喜欢品儿，妈妈也会喜欢品儿的。如果继续和妈妈冷战下去，不仅会断送自己和品儿之间的友谊，还会使自己和妈妈的母女关系越来越恶化。

六 代沟=隔代沟通

乔语刚上初中一年级，学习成绩一般，但是个性活泼开朗。只是到了下半学期时，乔语的父母离婚了，这件事情对乔语的打击非常大，使得活泼开朗的乔语有些郁郁寡欢。可是，没过多久，乔语就发现同学们总是因为自己父母离婚的事情而对自己指指点点，这让乔语更加受不了。

于是，乔语开始在上学的时候装肚子疼，拒绝去学校。刚开始，

> 乔语的妈妈觉得孩子身体不舒服，就给乔语请假并带她去医院，但是乔语却说，自己的肚子并没有多大问题，回家休息一下就好了。乔语的妈妈想想也是，就送乔语回家了。谁知，乔语这样故伎重演了一个星期。乔语的妈妈就硬性地带乔语去医院进行检查，结果乔语的身体并没有什么问题。
>
> 这时，乔语的妈妈才意识到乔语是在装肚子疼，回避去学校。第二天，乔语的妈妈强行把乔语带到学校，谁知乔语的反应很强烈，就是不愿意进学校的门。无奈之下，乔语的妈妈只好给在外地工作的乔语爸爸打电话，说乔语现在不愿去学校上学。听到女儿的情况后，乔语的爸爸很快从外地赶过来，对乔语进行了很长时间的说教。可是，这样不仅没有缓解乔语的情绪，反而让她更加厌恶去学校了。
>
> 无奈之下，乔语的爸爸为乔语办理了休学，并准备带乔语去做心理咨询，然而乔语对心理咨询也很抵触。乔语的爸爸妈妈对这样的乔语没了办法，只好让乔语继续待在家里。

父母的离异对孩子的打击是很大的。在这里，希望准备离婚的父母慎重地考虑一下。如果离婚实在无法避免，不要在离婚过后只是把你们已离婚的事实告诉孩子，应该在离婚前就和孩子好好地沟通一下，并告诉他，离婚是为了爸爸妈妈各自的幸福，希望他能理解，而且爸爸妈妈的离婚丝毫不会减少对他的爱。不仅如此，还应该尽量避免在孩子的面前说对方的不是，因为对孩子来说，不管怎样，那都是他的爸爸或妈妈。

青春期孩子如果真的遇到了这样的问题，也要主动和父母沟通一下，告诉父母你的想法。说不定，可能因为你的一些话，就可以挽救父母的婚姻（因孩子的原因，婚姻得到挽救的不在少数）。如果父母真的已经离婚了，要学会去尊重父母的选择，不要觉得父母的离婚使得自己在同学们面前抬不起头来。

乔语的爸爸妈妈应尽快说服乔语去做一下心理咨询，找到症结所在。乔语的父母也应该就离婚的事情好好地和乔语沟通一下，得到乔语的理解。乔语以后遇到问题时，应该学着主动和父母沟通，而不是用装肚子疼来逃避问题。

大部分青春期孩子都会出现与父母沟通的问题。其原因是：

1. 青春期孩子有着过强的独立意识、平等意识、反叛意识。这些意识的觉醒不仅会让青春期孩子拥有自己的想法，而且，一旦父母无法认同自己的想法，就会出现逆反心理。

2. 青春期，孩子都会出现一些封闭式的心理。主要表现在，拥有自己的隐私，不会再像年幼时那样，主动地并坦率地和父母进行沟通。

3. 大脑接受了太多的新事物，与父母的思想容易起冲突。青春期孩子们从学校、电视上、网上等各种渠道接受新事物并有自己独特的看法，但家长们往往会用固有的眼光来看待新事物，这时，如果没有适当的沟通方法，父母与孩子之间的冲突就成了必然。

与父母冲突的情况，对青春期孩子来说是时有发生的。那青春期孩子应该怎样避免和家长起冲突呢？

1. 主动地和父母沟通，说出自己对一些事物的看法，让父母分享你的感受，这样可以使父母更加理解你。

2. 多站在父母的角度去理解父母，知道父母的不容易。父母和你一样都是人，也会有不愉快的时候。

3. 试着理解父母的观点和想法，这样能使自己从中获益不少。

4. 不仅仅在口头上对父母大声疾呼自己需要独立，需要父母留给自己一定的空间，也要用实际行动证明，自己已经具备了独立的能力，好让父母更愿意、更放心地给予你独立的空间。

青春期孩子们与父母的冲突是无法避免的，关键就看我们自己怎么去对待，怎么去解决。

七　伙伴，让我欢喜让我忧

青春期的孩子会更注重与伙伴们的友谊，尤其是现在的独生子女们，更加渴望这份同龄人之间的感情。这份感情是不同于与父母之间的感情的。对青春期的孩子来说，伙伴们的友谊不仅不可缺少，而且尤为重要。

小莉与小雨可以说是从小一起长大的，后来两人又上了同一所初中并在同一个班，这使得两人的关系更加亲密起来。只是小莉的性格与开朗的小雨比较起来相对内向。

刚到了一个新的环境里，小雨很快就适应了这里的生活并和玉儿成了朋友，这让小莉很介意，小莉觉得小雨背叛了她们两人的友谊，于是决定不再理小雨。刚开始的时候，小雨也没有注意那么多，后来小雨逐渐发现，自己和小莉说话时小莉都不怎么搭理自己，而且小莉对自己越来越冷淡。这让小雨很苦恼，毕竟是从小一起长大的。小莉的日子也不好过，毕竟她就小雨这样一个好朋友。

终于，小雨打破了沉默。一天放学后，小雨主动去找小莉谈话。小雨问小莉为什么最近不理她了。小莉说："既然你已经有了新朋友了，就不再需要我了。"小雨说："虽然我和玉儿也是朋友，但这并不影响我们之间的友谊啊！"小莉最后很坚决地对小雨说："我和她之间，你只能选一个。"小莉的态度让小雨陷入了左右两难的矛盾之中。

与朋友之间有欢乐，也有不如意的时候，这是很正常的事情。当与伙伴产生了矛盾的时候，自己的心情会受到很大影响，生活学习也会受到影响。如果一直这样下去，不仅对你们的友谊无益，还会使你的心情变得郁闷起来。那就应尽快解决这些矛盾。

首先，当自己冷静下来的时候，仔细回想一下闹矛盾的原因和过程。

其次，主动地和朋友进行交谈，梳理一下造成你们矛盾的起因，并共同寻找解决问题的方法，找出一个你们能共同接受的解决方案。

最后，如果对自己的朋友有意见，一定要以建议的方式说出来，不要自己生闷气。而且，自己也要虚心接受朋友给自己的合理的意见。

其实，朋友之间的矛盾，解决的关键就是沟通。只要两人经常沟通，你们的友谊一般不会有太大的问题。

小雨应该和小莉进一步沟通一下，或者，试着把玉儿介绍给小莉，这样三个人就会成为朋友。小莉也应该对自己的这种行事方式进行反思,自己是不是不应该这么为难小雨。

八 朋友要"精挑细选"

其实,在青春期时,关于友谊方面的问题并非只有如何处理朋友之间矛盾的问题,还存在着交友不慎的可能,这也是家长们最关心的。

我们经常会听到这样的话:"近朱者赤,近墨者黑。"这是一句规劝他人交友要慎重时经常会被引用的话。其实,这里面是有一定的心理原因的,主要是一种叫作"从众"的心理在起作用。从众是指个体在社会群体的无形压力下,不知不觉或不由自主地与多数人保持一致的社会心理现象。通俗点说,就是"随大流儿"。

> 张晨,今年16岁,刚上高一,学习成绩一般,只是这所高中很普通的一个学生。可是没过多久,他就成为一个全校闻名的学生。
>
> 起因是张晨在刚上高一的时候,在家里翻找东西时,无意中发现了父母的离婚证,张晨当时就懵了。原来,张晨的父母早就离婚了,只是怕影响张晨的健康成长,就制造了夫妻恩爱的假象。本来是打算等张晨高考过后再告诉张晨父母离异的事实,谁知隐藏了这么久的秘密,竟会在无意中被张晨发现。
>
> 张晨随后就离家出走了。张晨的爸爸妈妈怎么也找不到张晨。其实,张晨就住在离家不远的一个宾馆里。晚上,张晨会到附近的一个酒吧喝酒。喝酒的时候,张晨遇到了几个同病相怜的社会青年,他们和自己差不多大,都是父母离异的年轻人。因为各自的父母又都建立了自己的家庭,只好自己出来混社会。
>
> 一来二去的,张晨很快就和这些人成了所谓的铁哥们儿。这时,张晨的父母已经找到了张晨。似乎是哥们儿的劝解起了作用,张晨

并没有和父母争吵,安安静静地继续回到学校上学。由于各自忙于自己的生意,张晨的爸爸妈妈并没有注意到张晨的异样。或许是出于对张晨的歉意吧,张晨的父母把张晨的零花钱涨到了一笔可观的数目。然而,张晨在每次下了晚自习的时候,都会去酒吧和自己的哥们儿叙叙。

有一天晚上,当他和那些哥们儿一起从酒吧里出来的时候,其中一个人神秘地对张晨说:"跟哥们儿我去一个地方,保准让你难以忘怀。"张晨将信将疑地跟着他们去了。这是一个很偏僻的地方,刚进去的时候,乌烟瘴气的环境让张晨咳嗽了很久。这时,带张晨来的人说:"教你试一样东西,这样东西可以让你忘却世间的所有烦恼。"说着,就给了张晨一包白色的粉末儿,然后自己又拿出一包并吸食起来。没过多大一会儿,他的脸上就浮现出了很享受的表情。这时的张晨才意识到这是吸毒。由于在电视上看过很多关于吸毒后严重后果的节目,张晨很想走。这时,那个人对张晨说:"这东西真的很好,会有上天堂的感觉。你个大老爷们儿怎么这么磨磨唧唧的!你看他们不都是很快乐的样子吗?电视上的那些说毒品不好的节目都是骗人的。"张晨觉得这么多人都吸了,自己就试一试吧。这样一试,就使张晨沦为了毒品的奴隶。

刚开始,由于父母给的零花钱很多,张晨还是可以消费得起毒品的。后来没多久,零花钱就花光了。张晨就向父母要,后来,数目越来越巨大,张晨的父母觉得张晨花钱实在是太大手大脚了,就断了张晨的零花钱。可是,已经对毒品上瘾的张晨实在不能忍受没有毒品的日子,他开始偷父母的钱,没多久就被父母发现了。这下,真的什么钱也弄不到了。

张晨向自己的哥们儿寻求帮助。张晨的哥们儿大义凛然地对张晨说:"我借给你钱当然可以。但这毕竟不是长久之计。这样吧,你帮我带货,你吸多少,我都给你,怎样?"急需毒品的张晨想都没想

第三章
孩子，如何安放你的青春？

就答应了。就这样，张晨彻底成为一个吸毒者和毒贩子。

没多久，张晨就被抓获了。这时的张晨早已因旷课太多被校方开除了。当张晨被抓获时，张晨的父母很是震惊，他们原先以为张晨只是不好好学习，本来想着既然不准备上学了，就让张晨继承家里的生意，谁知道张晨竟然这样堕落，走上了一条不归路。

张晨的今天是由多种原因造成的，但最主要的还是交友不慎。

王珂也是因为交友不慎而吸毒的一名在校大学生。通过网上聊天，王珂认识了一个女孩，俩人很聊得来，没多久，俩人就约定见面了，而且一见如故，很快就成了好朋友。

有一次，王珂因月经来潮而小腹疼，这时那个女孩正好给王珂打电话，想约王珂一起出来逛街。王珂说自己肚子疼，没办法去。这个女孩很担心，就过来看王珂的状况。后来问王珂是不是经常会小腹疼，王珂说是，吃了好多药也不见有效果。这个女孩就给王珂推荐了一种药，让王珂服下。没多大一会儿，王珂觉得腹痛的感觉就没有了，反而有一种很舒服的感觉。王珂觉得这个药很有效，就问："这是什么药啊？这么管用，你给我说说名字，我去多买些回来备用。"她说："我也不知道什么名字。反正是外国名儿，进口的。你要是觉得有用，我就托我的朋友多买些给你就行了。"

就这样，王珂发现自己越来越依赖这个药。哪天不吃的话，就会浑身难受，吃了就会很舒服。只是这个药太贵了，她实在吃不起了，就找到她的那个朋友，说自己实在吃不起这个药了。谁知，她的朋友好像变了一个人似的，冷笑着说道："能不贵吗？这可是毒品。"

王珂一听是毒品，犹如五雷轰顶。反应过来的王珂大声指责她，怎么可以这样对待自己的朋友！谁知那个女孩儿冷笑一声："我可从来没把你当成自己的朋友。是你太单纯而已，什么人都相信。"王珂一气之下，就走了。

　　没过多久，王珂又去找她了，因为王珂实在对抗不了毒品的诱惑。王珂希望她能看在过去的情分上，给自己指一条路。她的确给王珂指了条路，那就是由她介绍王珂去卖淫，挣到的钱再买毒品。王珂忍受不了没毒品的日子，就屈辱地答应了。就这样，王珂彻底堕落了。

由此可见，慎重交友对人们来说多么重要。一个损友足以把你的人生带向无边的地狱。那青春期孩子在交友过程中，该注意些什么呢？

　　1. 不要轻易相信一个人，尤其是在社会上或网络上认识的人，更应该多加小心。多注意对方的言行举止，经过仔细的观察后，再确认是否可以成为朋友。

　　2. 由于青春期孩子的经验有限，在必要时候可以向父母征求一下意见。

　　3. 把一切交给时间。路遥知马力，日久见人心。狐狸再狡猾，时间一长，也会露出自己的尾巴的。

　　4. 青春期孩子由于正处在成长的关键期，社会经验不足，最好不要和社会上的人交朋友，你的同学中一定有和你谈得来的人。

九　"哥们儿义气"害人不浅

除了交友不慎，青春期孩子们常会因为哥们儿义气，而做出让自己后悔的事情。这方面，多数是男孩子容易出问题。

　　小剑是一名初三的学生，在一次放学的时候，自己刚买的新鞋被小福踩了一下，尽管小福说过"对不起"了，但看着自己新买的鞋子被踩上了难看的脚印，一时气不过的小剑就骂了一句。小福觉得自己已经道过歉了，被骂得这么难听，面子上实在过意不去，就回骂过去。而小剑觉得自己的新鞋被踩，本来就是小福的错，小福竟然敢骂自己，扬手就给了小福一巴掌。这时刚上初一的小福觉得自己不是小剑的对手，当时并没有还手。

事后，小福越想越生气，就找了几个哥们儿，去教室找小剑挽回自己的面子。谁知，当时小剑不在。几个人嚷嚷了一会儿也就走了。小剑后来从同学的嘴里得知，竟然有初一的小屁孩儿来向他叫板。不行，这样让自己以后怎么混！于是，小剑叫上了自己的哥们儿小伟，去找小福算账。当时，小伟一听说自己哥们儿的事情，就觉得气愤。自己必须为哥们儿出气！他拿了一把刀就去了，见着小福以后二话不说，就砍向小福。小福被砍成重伤，后因抢救无效死亡。

小伟的母亲本就体弱多病，在小伟发生这样的事情后，到处奔走为小伟请律师，后因过度劳累，忧郁成疾，在小伟被判刑后一病不起，没多久就撒手人寰了。小伟的父亲对这个不争气的儿子，无奈地说："这不争气的儿子一刀下去，不仅害了他自己，也活活要了他妈的命。弄得我家破人亡！"

而小伟的哥们小剑也被判了刑，本来有希望考上重点高中的小剑因犯罪而葬送了自己的大好前程。死去的小福不仅年纪轻轻地断送了自己的生命，而且作为独生子，他的死让父母终日以泪洗面。这一刀，直接葬送了三个家庭。

其实，在讲哥们儿义气的背后，动机是有很多的。

1. 心胸狭窄。看到一点儿对自己不利的事情就进行报复。

2. 易冲动。这也是很多男同学在听到自己的哥们儿受委屈后，很"讲义气"地为哥们儿打抱不平的重要原因。

3. 爱虚荣，也就是面子问题。当自己的哥们儿受到委屈后，自己不为哥们儿出气的话，面子上实在过不去。

当自己的好友受到委屈与欺负时，自己总不能坐视不理。那该用什么样的方法，才算是妥当的呢？

1. 当好友向你诉说自己受到了委屈的时候，你的哥们儿这时一定是很冲动的状态。如果你也着急上火，甚至火上浇油的话，你们在这种情况下很容易因为一时冲动，做出让自己终生后悔的事情。一定要让自己冷静下来，心平气和地让朋友把事情的经过原原本本说出来。

2. 倾听朋友的述说，不要被朋友的气愤情绪所感染。站在公正的角度去分析整件事的主要责任到底在谁。如果责任在朋友的话，你就应该用合理的建议去规劝朋友；如果错不在朋友在对方，首先要看是什么性质的事件，如果仅仅是一些鸡毛蒜皮的小事，要劝自己的朋友想开一些。

3. 当然也有这样的情况，那就是自己的朋友真的受欺负了。这时也不要仅仅依靠自己的力量和使用自己的方法去解决。你们完全可以向父母或老师寻求帮助，他们作为过来人，在这些方面比你们有经验得多。有了他们的帮助，事情一定能得到妥善的处理。

第四章
让个性自由地呼吸

个性是人与人之间彼此区分的关键所在。青春期孩子神神异样的表现，让老师和家长都对个性产生了一定的认识误区。但青春期孩子所谓追求个性的行为，却是一种成长的必然趋势。

青春期不仅是一个人在生理、心理、智力、才干等方面发展的重要时期，也是个性形成的关键时期。在青春期，总是出现许多个性鲜明，甚至是另类的少年。但真正的个性可与这些少年们所追求的"个性"有天壤之别。

所谓个性，是一个人身上经常表现出来的那些稳定的、本质的心理特征，与智力发展、神经系统的类型及情感活跃程度有关。也就是说，个性具有稳定性和内在性，个性一旦形成，就不容易改变。不仅如此，个性关乎你的内在。现在有很多的青春期孩子为了追求个性而穿一些与众不同的古怪服装，或把自己的发型弄得很怪异，这些行为可以说和我们讨论的个性毫无关系。

一个人的个性形成，是以先天素质为前提，通过后天的熏陶、影响和接受教育，在漫长的过程中逐渐塑造而成的。

青春期是人生的黄金时期，是一个人的人生观、世界观、人格形成的重要时期，是一个人走向成熟、走向独立、走向社会的过渡阶段，也是长知识、长身体的重要时期。因此，青春期是个性塑造的关键期。

一般说来，个性包括两大部分：一是个性倾向性，包括需要、动机、兴趣、理想、信念、世界观等；二是个性心理特征，包括能力、气质、性格等。

个性的形成主要靠后天的环境影响和教育。尽管先天遗传素质是人的个性的物质基础，但只有良好的遗传素质，没有良好的环境影响和教育，不会形成良好的个性。当然，这种环境影响和教育从孩子一出生就开始了，但青春期对人的个性形成、发展的作用是不可忽视的。

一　追求个性有错吗？

青春期孩子是否应该追求个性，近年来一直是一个争议不断的话题。

广东某市初三学生小柳最喜欢逛商场,她的最大追求就是赶时髦,因为小柳觉得赶时髦就是在追求自己的个性。她三天两头地换衣服,即使是春天刚买的新毛衣,到了秋天就嫌毛衣颜色不好,再也不穿了。她觉得衣服只有经常换,才能体现出她这个人的新鲜感,这也就是她与班里那些每天总是穿校服的女同学不一样的地方。她认为这样的自己不仅显得与众不同,还能吸引很多人的眼球。

小柳一个月仅穿衣一项的花销就在500元以上。虽然小柳的爸爸妈妈就她这么一个独生女儿,但这样的生活开销还是让小柳的爸爸妈妈心疼不已。

现代社会的青春期孩子追求时尚是一种非常普遍的现象。追求时髦是年轻人好动易变、敢于创新的具体表现,其中有值得肯定的部分。但是,为了赶时髦而奢侈浪费,用金钱换取一时的流行,却是很愚蠢的做法。这样只追求外在个性的青春期孩子还不在少数。

小胡是一名初二的男生。学校里有明确的规定:男生不留长发,不留超短发,不理碎发,不剃光头;不烫发、不染发;做到前不扫眉、旁不遮耳、后不过发际。但小胡觉得这样的发型实在是毫无特色,很难让人对自己刮目相看。所以,小胡这些天一直在追求独特发型上冥思苦想。

开始,小胡想把自己的头发留长,然后再染成红色,夏天里在阳光的照射下从远处看就像一把火。想到这里,小胡就很激动。只是好景不长,他的头发才刚留到盖住眼睛的长度,就在一次中学生仪表检查的时候,被火眼金睛的老师抓住。

由于学校有规定,男生的头发不能过长,针对一些不听话的学生学校也制订了对策——老师们亲自拿一把剪刀给你理发。享有此殊荣的小胡在老师的强制执行下,把头发剪短了。

第四章
让个性自由地呼吸

> 回到家照镜子的小胡很是沮丧,本来只是自己的发型没啥特点,现在特点倒有了。老师的理发手艺着实差劲,自己的头发好像不是剪短的,而是被啃短的似的。小胡的哥们儿开玩笑地说,小胡这个新发型就叫狗啃头。
>
> 小胡也很无奈。没过多久,小胡就又想到了一个能快速塑造新发型的方法,还不用被自己的哥们儿嘲笑为狗啃头。
>
> 第二天,小胡所在的学校就出现了一个扎眼的新发型。那是小胡的新发型——光头。小胡的哥们儿见了小胡的新发型后,赞不绝口,并夸小胡有创意和有个性。小胡听了这些,心里还美滋滋的。小胡的老师对小胡的这种做法很无奈,头发过长可以通过剪短来解决,可光头该怎么办?

由于青春期孩子类似的种种表现,让老师和家长都对个性产生了一定的认识误区。好多老师和家长都认为,学生嘛,就应该规规矩矩的,追求什么个性啊?但青春期孩子所谓追求个性的行为,却是一种成长的必然趋势。

心理学研究发现:

从 11 岁起,孩子开始出现执拗、冲动的特点,情绪变化无常,经常与同伴吵架,与父母作对;

12 岁出现自主要求,同时表现出理智、容忍,主动性增强,开始关心外部世界;

13 岁,注意力又回到内部世界,对于别人对自己的批评非常敏感,对自己的父母开始有所批判,交友有选择性;

14 岁时,又从内向变得外向,愿意同别人交往,喜欢与别人作比较,自信心增强,喜欢讨论问题;

15 岁迅速表现出明显的个别差异,少年摆脱外界监督的愿望和自我监督的能力不断增强,能够进行自我教育;

16 岁又一次出现平衡,开始对未来向往。

大致在高中阶段,青春期孩子的个性会逐渐趋于成熟。但个性成熟不一定与年龄发展一致。有些人年龄虽然还小，但处事老成；反之，有些人年龄不小了，处事却十分幼稚。这些也都很正常，什么事情都会存在个体的差异。

目前，心理学界普遍认同的个性成熟指标有以下 12 条：

1. 对客观现实的认识，能区别已知和未知事实以及对这些事实的意见、本质和现象进行判断。

2. 能正确看待自己、别人和世界。

3. 追求远大目标，常考虑对社会能有何贡献，不是利己主义者，不搞内部摩擦。

4. 能忍受孤单和寂寞。

5. 具有对事物的敏感性和创造性。

6. 行为自然，一般不打破常规。

7. 看人重实际而不重表面，对性格优良的人抱敬重态度，无出身、门第、地位的偏见。

8. 对部分人常有深情的依恋，不无端地敌视别人。

9. 讲道德，能区别真、善、美与假、恶、丑，并且言行一致。

10. 善于独立思考，有摆脱逆境的能力。

11. 处事能区分目的和手段，重视目的，但也不忽视手段。

12. 有较广阔的视野，讲究价值观。

由这些指标可以看得出，小胡和小柳追求的所谓个性并没有在其中得到体现。一般来说，青春期孩子总是误解个性的真正含义。曾有有心人做过这样的观察，凡是在学校追求个性的孩子，大多都会弄一个怪异的发型和一套奇怪的服装，有的孩子甚至还会用逃课的方式来证明自己的个性。总之，就是一些老师、家长不允许或大多数同学不敢干的事情，全都成了追求个性的青春期孩子争相去做的事情。

还有一些青春期孩子的怪异打扮是为了得到父母、老师或同学们的关注。

第四章
让个性自由地呼吸

小晶，是一个初中二年级的女孩子，不仅长得很漂亮，而且聪明伶俐。在小学的时候成绩就很优异，上了初中成绩也是不错的。只是在初二下半学期的时候，情况似乎发生了变化。小晶比以前爱打扮了，总是和班里的女孩子比漂亮。她们几个小姐妹还私底下比谁收到的男生的情书多。每天上学之前，光是穿衣打扮，小晶就得花一个多小时。由于小晶的大部分时间和精力都花在了穿衣打扮上，她的学习成绩下滑得很厉害。但小晶似乎并不在乎。

就这样，小晶初中毕业了。她没有考上当地的重点高中，但是小晶的父母却对小晶寄予厚望，就托人花钱让她去当地的一所重点高中学习。小晶的父母希望小晶在经过中考这样的失败后能够重新开始，在高中好好学习并考上理想的大学。

只是，由于小晶在初中时的基础太差，有几门功课总是跟不上，这样小晶就更加无心学习。想想从前自己在初中时那么吸引别人的眼球，而现在老师居然连自己的名字都喊不上来，小晶觉得还是过去自己那种有个性的状态比现在好。

于是，小晶就把自己的眼睛周围涂上很妖艳的眼影，睫毛上总是有金灿灿的东西在闪光，嘴唇涂成了紫色，看起来好像中毒了一样，头发好像爆炸了一般，不仅如此，头发还被染成了不知几种颜色。后来，小晶还去为自己的指甲做了美容，长长的指甲上被弄上了许多小巧玲珑的图案。衣服也很怪异，上衣的领子很低，冬天也是如此；夏天的时候会穿很短的裙子。总而言之，小晶的打扮让人怎么也不会想到这是一个高中生。

校方多次要求小晶改变自己的打扮，但小晶一直拒绝。后来，实在没办法，老师就请来了小晶的父母，希望小晶的父母能够配合学校，一起改变小晶的反常状态。

小晶的父母得知小晶竟然是这个样子，很是气愤。小晶的父亲大声责备小晶不知悔改，谁知小晶一气之下竟离家出走了。小晶的父母在得知女儿离家出走的消息后，找了很久也没找到小晶，就在夫妻二人准备报警的时候，小晶回家了。从此以后，为了防止女儿再次离家出走，小晶的父母只好对小晶的这种怪异打扮和学习成绩的下滑不管不问。

其实，小晶的母亲找小晶的老师谈过她的这种情况，希望老师能够帮助小晶。小晶的老师也很无奈："班里那些学习不好的学生打扮得都很怪异。男生们整天把自己打扮得像个鬼，女生们整天把自己打扮得像个不良少女。学校是明令禁止这样打扮的，但是这些学生不听管教，学校也没办法。"听到老师的话，小晶的母亲也没了办法。

其实，真正的个性表现从来没和一个人的外在打扮沾过边儿。真正的个性只是涉及一个人内在的精神状态，那是一个人在学习和生活的经历中，慢慢磨炼出来的一种面对生命的姿态。只有从内在散发出独特魅力的人，才是一个真正有个性的人。

世界的精彩之处就在于每个人都有自己独特的个性。而青春期孩子追求自己的个性，又是成长过程中的必然趋势。所以，家长和老师都应该鼓励自己的孩子去大胆地追求自己的个性。青春期孩子们也应该沿着正确的方向追求自己的个性。但在此之前，一定要对个性有一个客观和深刻的理解。

其实，青春期孩子在外表上追求自己的与众不同，是一种很正常的现象，只是其中的尺度一定要把握好。以下是几点建议：

1. 尽量穿校服（大多数学校都会有这个要求）。如果可以穿自己的衣服，尽量穿得简单大方一些，不要穿得过于夸张怪异。

2. 女孩子不要烫发或染发。这样不仅对你的头发有损伤，还会让你整个人看起来老气很多。最好不要披发，披发会让自己的活动很不便。男孩子不要把头发留得太长或染发。因为这样不仅不会让人觉得你很有个性，反而会把你和社会上的混混联系在一起。

3. 不化妆，不戴首饰，自然美才是真正的美。

第四章　让个性自由地呼吸

二　个性让他们与众不同

在青春期的时候，正是初高中学习的关键期。这个时期的孩子面临着升学和高考的压力，繁重的课业压力已让他们无暇顾及自己的个性培养了。家长们也只看孩子的考试成绩如何，而不去关心孩子的个性发展。老师似乎很讨厌有个性的孩子，因为有个性的孩子总是和自己唱反调。无论是外在的压力还是内在的压力，都让人们忽视了青春期培养一个人个性的重要性。

> 在日本，有这样一个书法小神童。在他9岁参加日本青少年书法展时，就在日本书法界掀起了一场飓风。据说，书法展结束后，他的几幅作品以高昂的价格被私人收藏了。当时，一位著名的日本书法家曾经预言："日本的书法史上将会升起一颗新的璀璨的明珠。"
>
> 谁知20多年过去了，一些过去在书法界默默无名的人开始脱颖而出，而他却销声匿迹了。那位曾经预言他会成为日本新的书法明星的书法家找到了他，在看过他的书法作品后，仰天长叹："右军啊，你毁了多少神童！"

右军是指王羲之，中国1600多年前的一位著名的书法家。原来这位神童临摹王羲之的书帖成瘾，在经过20多年的努力临摹之后，他的书法终于可以和王羲之的真迹媲美，足以以假乱真了。只是这时，他的书法个性已经被磨得一点儿也没有了，虽然酷似王羲之，但一点儿自己的东西都没有。对鉴赏家来说，没有自己个性的书法作品只是仿制品，而不是艺术品。

一个天才模仿另一个天才，却成了庸才。不管一个人具有多么高的天分，一旦丧失自己的个性，那么他就只能沦为庸才。

> 傅雷是我国著名的翻译家，他的翻译作品《艺术哲学》《传记五种》《约翰·克利斯朵夫》等在我国翻译界产生了广泛而深远的影

响，傅雷翻译的这些作品深受广大读者的喜爱。后来出版的《傅雷家书》也取得了很好的效果，在市场上经久不衰。

但傅雷的个性在大多数人看来是比较复杂的。他的个性基本可以用这些词语来概括：孤僻、高傲、耿直、极端认真且疾恶如仇。这些个性与傅雷幼年所受的家庭教育是有割不断的联系的。

傅雷的母亲是一位很严厉的女性。当大多数孩子都在享受母亲的怀抱时，傅雷却在信奉"棍棒底下出人才"的母亲的严厉管教下，开始了自己的早期教育。望子成龙的母亲对傅雷一丝不苟、非常严厉的教育，给傅雷的一生留下了不可磨灭的痕迹。

这让有些人认为，如此严厉的早期教育使傅雷幼小的心灵在一定程度上遭到了扭曲，造成了傅雷个性中的孤独，甚至有些乖癖。傅雷办事很认真，一丝不苟，但傅雷的认真却和我们大多数人的认真很不一样，傅雷总是完全按照自己的计划执行。比如，他自己规定的几点钟吃饭、几点钟工作、几点钟休息，都必须准时执行，不能有一丝一毫的差错。这对我们大部分人来说是不可思议的，虽然我们也有自己什么时候吃饭、工作学习、休息的计划，但执行的时候肯定会允许差异的出现，可傅雷是不允许这种情况发生的。尤其是在傅雷工作的时候，谁也不能去打扰他。否则的话，傅雷就会对打扰他的人大发雷霆。就是在与他人交谈时，只要交谈的时间一到，傅雷不管这个人是不是他的客人，马上就会把这个人请出去。这样的个性是让人难以接触的，因此傅雷的人际关系不是很好。就连傅雷上学期间的班主任对傅雷的个性都感到很难接受。傅雷的班主任对傅雷的个性做过这样的评价："高傲，总是孤芳自赏。对自己看不惯的事情就要讲出来；对自己看不惯的人就是合不来。性格十分耿直。"但就是这样与众不同的个性，却成为傅雷获得成功必不可少的前提条件。

因为这样独特的个性，使得傅雷在以后的写作与翻译生涯中能

第四章
让个性自由地呼吸

够极端认真地对待自己的工作。其实，只要是搞学术研究的人，都必须具备这一认真的品性。不仅如此，从傅雷的作品中，我们还可以发现傅雷那种敢于打破常规、独立思考和保持自身高贵品格的个性特征。尤其是在《艺术哲学》这本翻译作品中，我们可以看到年仅21岁的傅雷所表现出来的在面对西方文化冲击时坚持独立思考、不盲从的杰出品格。

傅雷过于刚直的性格使得傅雷疾恶如仇，在现实社会里很难与人相处。但这样的个性特征对傅雷的翻译工作却起到了积极的作用。因为傅雷总能坚持自己的观点，绝不会向任何错误的、颠倒黑白的、扭曲的学术观点或思想低头，而这正是进行学术翻译必不可少的宝贵品格。

假设一下，如果傅雷为了让自己和别人一样而不得不适应现实生活和现实社会，我们的确不会见到那个性格怪异、难以与人相处的傅雷了，但是，我们也不会读到他优秀的翻译作品了，这个世界少了许多经典的译著，不过多了一个庸人罢了。

可见，一个人的个性对一个人的发展是多么重要。一个人一旦为了使自己和别人一样而改变了自己的个性，那么他也就放弃了使自己成功的必要条件。

徐霞客（1587年1月5日—1641年3月8日），名弘祖，字振声，霞客是他的号。明朝著名的地理学家、旅行家和文学家，著有《徐霞客游记》一书，开辟了地理学系统观察自然、描述自然的新方向。

徐霞客生活的明代是一个科举之风盛行的时代，只要是有经济条件的读书人，都在寒窗苦读考科举，因为参加科举考试似乎是读书人唯一的出路。只要能够在科举考试中榜上有名，就可以在朝廷里做官，这样不仅可以让自己衣食无忧，还可以光宗耀祖。

徐霞客出生在江苏江阴一个有名的富庶之家，祖上都是读书人，称得上是书香门第。这样的出身似乎注定了徐霞客要参加科举，考取功名的一生。但徐霞客从小就与众不同，当同龄人都在苦苦诵读科举考试的典籍的时候，徐霞客却把自己的时间花费在历史、地理、探险以及游记之类的著作上。对这些著作的阅读，使得徐霞客从小就对祖国的名山大川和人文地理充满了兴趣。

不过，徐霞客是幸运的。其他孩子在父母的棍棒底下苦苦求功名的时候，徐霞客的父亲却鼓励自己的儿子博览群书。在父亲的鼓励下，徐霞客很快就把自己家的藏书看完了。徐霞客的祖上修筑了一座万卷楼来藏书，可见徐霞客家的藏书量不在少数。即便如此，还是无法满足徐霞客无止境的阅读需求。

后来，徐霞客到处寻找自己没有看过的书，就算是身上没有钱，也要把衣服脱下来去换书。徐霞客的读书量不仅大，而且读书时很认真。只要是徐霞客读过的书，如果别人问他，他总是能对书中的内容侃侃而谈。这为徐霞客以后写作游记奠定了深厚的基础。

在徐霞客19岁那年，他的父亲去世了。在料理完父亲的后事后，徐霞客就想去离家很远的地方游历祖国的名山大川。只是在中国的封建时代，对于孝道有这样的传统："父母在，不远游。"于是，徐霞客决定留在家里，照顾年迈的母亲。徐霞客的母亲也是一个很有见识的女人，她早就看出了自己儿子的意向。她对徐霞客说："男子汉大丈夫，志在远方。你既然对这大好的山河感兴趣，那就去游历名山大川。不要被我这个快要入土的老婆子绊住了脚步。"徐霞客因为母亲对自己的理解很是感动，于是带着母亲的祝福和简单的行李就出发了。

这一年，他22岁。从此，直到56岁逝世，他绝大部分时间都是在旅行考察中度过的。在此期间，徐霞客只在母亲去世的时候回过家一次，除此之外，他一直在路上。

徐霞客在完全没有官方资助的情况下，先后游历了江苏、安徽、

> 浙江、山东、河北、河南、山西、陕西、福建、江西、湖北、湖南、广东、广西、贵州、云南共16个省。东到浙江的普陀山,西到云南的腾冲,南到广西南宁一带,北至河北蓟县的盘山,足迹遍及大半个中国。为了得到地理研究的第一手资料,通常情况下,徐霞客并不骑马,只自己背着简单的行李,独自赶路。
>
> 徐霞客游历的地方多为穷乡僻壤或人迹罕至的边疆地区。在游历途中,徐霞客吃了很多苦,不仅仅是风餐露宿,还有许多豺狼虎豹在等待着他。但是徐霞客从来都没有放弃过,终于在自己的有生之年游历了大半个中国。
>
> 在徐霞客游历的过程中,不论一天下来有多么劳累,他都会坚持把自己一天所经历的一切记录下来。徐霞客所写的游记大部分已经失传,留下来的一部分游记经过后人的整理后,大约有40万字。这部《徐霞客游记》被后人称为把地理与文学融合在一起的一部奇书。

如果徐霞客像当时的其他人一样,把自己的时间和精力都花在了考科举上,那明朝就少了一个著名的地理学家,多了一个平庸的官僚,而我们也不可能见到《徐霞客游记》这样一本奇书了。

一个人的个性发展不仅可以使他获得成功,而且也可以让他的人生没有遗憾。徐霞客在病危之际对自己的人生做了简单的总结后,曾留下了这样的遗言:"依靠自己的力量游历天下。故虽死,无憾!"

三 个性让我们改变命运

一个人凭自己的个性,是可以改变命运的。

东施效颦的故事可谓是妇孺皆知。相传有一个叫作东施的女子,相貌比较丑。有一天,她走在街上的时候,看见了因美貌而闻名的西施正眉头紧蹙地赶路。她觉得西施眉头紧蹙的样子很漂亮,就对西施的神态进行了模仿。

谁知，当东施眉头紧蹙地走在大街上的时候，人们看见她的样子，都吓得跑回家了。

同样是一个相貌丑陋的女子，却很有自己的个性。

据史书记载，无盐女的相貌丑陋，可以说是天下无双。无盐女的皮肤黑得像黑漆一样，头长得非常肥硕，而且头发不仅黄黄的，还稀少，眼睛深深地陷进眼窝里，额头向前突出一大块。骨骼像男子一样粗壮，而且还有一个大肚子，鼻子长得也很难看，不仅如此，她还有喉结。由于这样的相貌，总是让男子见了她就像见了鬼一样地逃走。无盐女已年过四十，却还未嫁人，眼看她就要孤独终老了，谁知就在这时，无盐女乌鸡变凤凰，成了齐国的王后。

无盐女的原名叫钟离春。相传，她不仅容貌与众不同，而且，在其他女子都在学习针线之术时，她却在舞枪弄棒。当其他的女子在幻想着自己的情郎时，她在研习《易》术。钟离春自小就很喜欢采桑，有一次，她在桑园里采桑的时候，有两个赵国的士兵前来挑衅，谁知从小就舞枪弄棒的钟离春轻而易举地就把这两个士兵给解决了。晚上回家后，钟离春就向自己的父亲抱怨："我们无盐镇是齐国的地方，赵国的人竟敢来我们齐国撒野。"钟离春的父亲曾经是齐国的基层军官，对齐国的现状很是了解，他叹了一口气说："赵国已经攻占我们齐国好多的城池了，我们的大王好像不知道一样，不管不问，这样下去的话，我们无盐镇很快也会被赵国给占领了。"

钟离春吃了一惊，问道："那齐国的大臣为什么不劝谏大王呢？"钟离春的父亲说道："还不是现在的朝廷奸臣当道嘛！我们的大王整天沉迷在酒色之中，对国事毫无兴趣。"这时，钟离春对父亲说："我要去劝谏齐王，让他不要沉迷于酒色之中，专心朝政，为我们齐国的百姓造福。"钟离春的父亲听后很吃惊，更担心女儿的安危，但看女儿心意已决，就只好遂了女儿的意愿。

有一天，当齐王正在自己的后宫享乐的时候，门卫来报："大

第四章
让个性自由地呼吸

王，门外有一个奇丑无比的女子，自称是无盐女，来求见大王。"天天见到的都是美女的齐王一听是个奇丑无比的女子，很是好奇。在好奇心的驱使下，齐王把无盐女宣进了后宫。齐王一见无盐女的面儿，倒抽了一口冷气，心想："果然是丑到家了！"

谁知这时，却听到无盐女说："我要进宫服侍大王。"齐王哈哈大笑起来："我这后宫的佳丽三千可个个都是一等一的美女。就连宫中的宫女都比你长得好，你凭什么进寡人的后宫！"说着，齐王就让人把她轰出去。

这时，无盐女又说："大王，你有生命危险了！"齐王一听乐了，说："寡人堂堂一国之主，会有什么危险啊？"无盐女这时一本正经且有条不紊地说："大王你每天都沉迷在酒色里，朝廷上又是奸佞小人当道。赵国已占领了我齐国的很多国土，而大王你却没有任何的反应。不出半年，赵国就会占领更多的国土。那时候，齐国离灭亡也就不远了。齐国灭亡了，大王你怎么会没有生命危险？"齐王一听，很是震惊。

随后，齐王听从了无盐女的建议，但是对于收复齐国领土的将才的选择有些为难。这时，无盐女挺身而出："民女自幼就舞枪弄棒，愿与赵军一决高下。"于是，齐王就封钟离春为无盐大将军。钟离春果然不负众望，接连收复了齐国的许多失地。

后来，齐王念钟离春有功，就封钟离春为王后。从此，在齐国就有这样一句话广为流传："无盐娘娘生得丑，保着齐王坐江山。"

这是一个因自己独特的个性而改变命运的女子。如果无盐女也像东施一样，总是想着模仿美女的神态，而没有发挥自己的个性优势的话，那她只会沦为别人口中的笑柄。如果无盐女从小像其他女子一样学习女红，等着如意郎君出现，那她也只能在别人对她外貌的嘲笑中过一辈子。

但是，无盐女敢于坚持自我，终于创造了属于丑女的奇迹。同样是外貌丑陋的女子，东施因模仿西施而成为千古笑谈；无盐女因为坚持自己的个性而成为齐国的王后，可谓千古佳话。由此可见，一个人的个性对其命运的影响。

四 给个性做个小结

个性的重要性主要体现在以下三个方面。

1. 一个人个性的发展是一个人主体性发展的需要。也就是说，一个人个性的发展是一个人成长中的必然。

人类遗传学告诉我们，世界上不可能有完全相同的遗传基因。我们会发现，就算是双胞胎，他们的基因虽然高度相似，但是他们的基因也不是完全相同的。这个世界上，从来不会有两片完全相同的叶子，更不会有两个完全相同的人。所以，我们每个人都是独一无二的。

这只是人们天生的遗传条件，一个人个性的形成最重要的还是受其家庭生活环境、学校教育条件的影响，尤其是他个人的生活经历。这种种条件都足以证明：一个人个性的发展是一种必然的趋势。

2. 培养一个人的个性是社会和时代发展的需要。由于市场经济的发展，现代社会的分工越来越细，我们的社会和时代越来越需要个性化的人才。

因为有个性的人能够独立思考，具有打破常规的批判性思维和创造力；有个性的人从来不会教条式地沿用前人的经验，对于前人的经验，他们会经过自己的判断和创造，进行批判性的吸收；只有有个性的人才能推动我们的社会和时代向前发展。

面对这样激烈竞争的社会和时代，如果我们不培养自己的个性的话，我们就会被淘汰。所以，为了更好地适应社会和时代的发展，我们必须培养和发挥自己的个性优势，寻找属于自己的舞台。

3. 个性是人与人之间彼此区分的关键所在。有人曾经说过这样的话："人和人之间的区别往往比人和猪之间的差别都大。"由这句话可以看出，人和人之间的根本差别并不在于我们的长相不同，而是在于我们每个人都有自己独一无二的个性。

试想，如果我们的个性都一样的话，那我们的世界会是什么样的？这或许很难想象。我们不妨换另一个角度去思考这件事情。大家一定都读过小说吧？一部优秀的小说之所以会那么吸引我们，除了其跌宕起伏的故事情节外，还因为有许多不同的、个性鲜明的人物形象。

这里列举一个小说的例子。《三国演义》是我国古代四大名著之一,罗贯中所塑造的三国人物形象可以说已经深入人心了。同样是很有计谋的人,诸葛亮就给人一种智圣的印象,而且治军严谨,爱国爱民;周瑜却给人一种气量狭小的感觉,虽然他的计谋也不在诸葛亮之下。同样是刘备手下的得力战将,赵云就给人一种雄姿英发的感觉,而且忠心护主;关羽总是让人想到"义"这个字眼儿,不过他的傲气也让人印象深刻;张飞给人的感觉就好像随时随地都会怒发冲冠一样,而且有勇无谋。

如果这些人物的形象都是千篇一律的,那还叫什么张飞、关羽、赵云啊,直接叫将军甲、将军乙、将军丙不得了。如果真是这样的话,那罗贯中的这部《三国演义》也就不会是中国的四大名著之一了,或许,我们根本不会知道有这部小说存在了,因为它早在明朝的时候就被淘汰了。从某种意义上讲,一部小说人物个性塑造得成功与否很大程度上决定着这部小说的命运。

我们不会去读没有人物个性的小说,因为太没意思了。同样的,如果我们的世界里所有人都没有自己的个性,那大家还有什么区别,我们的世界就会枯燥无味,人生也就失去了意义。所以,正是我们每个人千差万别的个性,才使得这个世界变得精彩起来。

五 个性养成的黄金时期

有两个人是邻居,因为两人的公司离得很近,所以,两人总是一起去上班。虽然如此,他们的个性却是迥然不同。一天早上,两人又一起走在去公司的路上,这时,却碰到一群抬着棺材送殡的人。

其中一个人说:"今天真是倒霉!大早上的就这么晦气,碰到了棺材。今天肯定会有不好的事情发生。"想着想着,就没注意到前面的红灯,闯了红灯,交警向他走了过来。拿了罚单的他去银行交罚款,交完罚款再去上班的时候,他迟到了,不仅被公司罚了款,而且正巧迟到的时候被公司的领导撞见了，领导把他叫到办公室，狠狠地批评了一顿，最后对他说，如果下次再迟到，就把他开除。于是，他这一天的心情都很郁闷。

他越想越生气，自己在这家公司任劳任怨地工作了这么长时间，只是今天迟到了一次，就被领导批评了一顿。他越想越觉得公司对他很不公平，领导也不赏识他。

他为这件事情郁闷了好几天。几天后，他干脆向公司递了辞呈，公司老板本来就想辞掉他，于是没有任何挽留的话就同意了。就这样，这个人重新去找工作，谁知找个工作也这么难，他到处碰壁，于是，他的心情就更不好了。现在的他已经变成了随时都会发火的人，所有认识他的人总是躲着他走。

另一个人见到了棺材却说："真是太好了！棺材，棺材，升官发财。今天一定能交到好运。"这样说的时候，他的心情也变得很好。带着好心情去和客户谈生意，原先很难谈成的生意就这样被他搞定了。领导觉得他这个人很有潜力，对他逐渐重视起来。他每天上班都会保持一个好心情，结果发现他的工作越来越顺利。后来，由于他在工作中的优异表现，被提升为所在部门的业务主管。

同样的事情，不同个性的人会对它产生不同的心态，不同的心态导致不同的生活。

在一所大学里，有两个个性截然不同的教授，一个是中文教授，一个是音乐教授。中文教授看待事情总是很悲观，而音乐教授总是乐呵呵的。后来，"文化大革命"来了，两人都被打成右派，从原来受人尊敬、为人师表的教授变成了臭老九，没过多久，两人就离开了学校，到农村去接受劳动改造了。他们两人的任务就是铡草。不到一年的时间，中文教授自杀了，因为他实在受不了这样的屈辱，而音乐教授却顽强地活到了"文革"结束的时候。

后来，国家为这两位教授平了反，但可惜的是，中文教授已经过世了，回到学校的音乐教授继续教他的音乐课。人们发现，这位音乐教授好像和多年前一样，并没有太大的变化。有人好奇地问他："在'文革'那段屈辱的日子里，您是怎么熬过来的？怎么看您一点儿变化都没有？学校里其他的教授劳动改造回来，都感觉苍老了好多。"那位音乐教授笑了笑说："因为在劳动改造的时候，我每天都没有离开过音乐，我铡草的时候都是按照四分之四拍的节奏进行的。"

由此可见，良好的个性在面对命运挫折的时候具有不可替代的作用。其实，一个人的个性在他幼年的时候就已经开始形成了。不过，幼年时形成的个性稳定性很差，而青春期才是一个人个性形成与稳定的关键时期。如果一个人错过了青春期这个培养良好个性的最佳时期，那在他以后的人生里，要想改变自己个性中消极的因素，就会变得难上加难了。

六 气质，个性的根基

说到一个人个性的培养，就不能不提到一个人的气质。这里所说的气质并不是我们日常生活中所谈的气质。在日常生活中，我们可能经常会听到这样的话："那人的气质真好！"其实，这里所说的气质并无好坏之分，这是一种心理学意义上的气质，是我们先天就具有的，很难经过后天的努力加以改变。

在心理学上，气质是指一个人生来就具有的心理活动典型而稳定的动力特征，是人格的先天基础。事实上，人的先天气质对人的个性培养也是很重要的。

两千多年前，在古希腊有一位叫作希波克拉底的著名医生。希波克拉底认为，一个人的身体内含有四种基本的体液，即黏液、黄胆汁、黑胆汁和血液，他认为，一个人的体液是人体性质的物质基础。其实，每个人的身体里都含有这四种体液，但每个人身体所含的这四种体液的比例是不同的，而人的气质差异就是由于这四种体液的不同比例造成的。

古罗马的著名生物学家和心理学家盖伦从希波克拉底的体液学说出发，创立了气质学说，他认为人的气质类型有13种。随着气质学说的发展，人的气质类型逐渐被概括为多血质、黏液质、胆汁质、抑郁质这四种典型的气质，沿用了希波克拉底的概念。这四种不同的气质类型都有各自的特点。

胆汁质：这种气质类型的人精力旺盛，脾气暴躁，但是为人很直爽。在学习和工作中，总是能以极大的热情投入进去，但是却不容易控制自己的情绪，极易冲动，不会隐藏自己的情绪，行为和言语具有一定的攻击性。对工作和生活中所遇到的困难，能够坚强地去克服，但如果短时间内得不到解决的话，高涨的情绪又会很快低落。在工作和学习中总能保持旺盛的精力，但是情绪低落时，其精力就会大大萎缩。这种气质类型的人在理解问题时很容易粗枝大叶。

多血质：这种气质类型的人敏感，灵活性强，善于交际，对待新事物很容易接受。对一件事情能很快地提起兴趣并热情地投入进去，但维持的时间不长，很快就会出现厌烦的情绪，耐性较差。由于其善于与人交谈，一般都有着较好的人际关系，对新环境的适应能力很强。

黏液质：这种气质类型的人安静、沉稳，富有理性，能够很好地控制自己的情绪，不会轻易地感情外露。行动与反应都比较缓慢，对新事物的接受能力不强。但是，做事情认真仔细，一丝不苟，对一件事情的耐性比较好。面对生活中遇到的困难，能够沉着冷静地对待，克服困难时具有坚忍不拔的精神，比较喜欢从事简单重复的工作。

抑郁质：这种气质类型的人比较孤僻，多愁善感，感情细腻，经常能觉察到别人注意不到的细节，感情不容易外露。在面对选择的时候，容易犹豫不决，难以果断地做决定。虽然不善于与人交往，却很好相处，对于答应别人的事情，总是认真做到。在学习或工作中，总是没有自信心。

其实，除了这四种典型的气质类型，还有混合型的气质类型。也就是说一个人不止具有这四种气质中某一种气质的特征，他可能是这四种气质中的两种或三种的混合。这也是很正常的。

有这样一项研究，可以使我们对这四种基本的气质类型有一个比较直观的理解。在国外，有人曾经对这四种基本气质类型的人对待看戏迟到这件事情的不同态度进行了比较研究。

拥有胆汁质气质类型的人会对剧场的工作人员说："我并没有迟到，只是剧场的时钟坏了。赶紧让我进去，我不会影响别人看戏的。"（为了防止迟到的人影响他人看戏，剧场有规定：在看戏期间不得入内。可以在一部戏中场休息期间进去，接着看后面的戏）胆汁质气质的人会长时间地与剧场的工作人员周旋，颇有一种不让进去看戏就不罢休的架势。

多血质气质类型的人在遇到工作人员的阻挠后，并不会有太大的反应，但他会观察周围的环境，随时准备在工作人员疏忽大意时，趁机溜进剧场看戏。

黏液质气质类型的人会想："反正第一场戏不会太精彩，我先出去溜达溜达，等到第一场戏落幕时，我再进去看下一场戏。"

抑郁质气质类型的人则会这样想："我怎么这么倒霉！好不容易出来看场戏，散散心，却遇到了这样的事儿，唉，我总是这么不走运。"这样想着，便准备掉头回家去。

这里需要再次强调的是，气质的类型是与人的生理条件密切相关的，是不易被改变的。每个人的气质类型是一个人先天具有的，它和个性不同，它是没有好坏之分的。任何气质类型的人经过后天的培养，都可以形成良好的个性。

而且，一个人的气质也不可能决定一个人社会价值的高低和行为的高尚与否。因为在同一领域取得杰出成就的人，有各种不同气质类型的代表。心理学家就对在文学领域取得了伟大成就的人的气质类型做过分析。

比如，普希金属胆汁质，赫尔岑属多血质，克雷洛夫属黏液质，果戈里属抑郁质。这些文学家的气质类型虽然不同，但后来都成了举世闻名的大文豪。由此可见，任何气质类型的人都可以成为品格高尚的人，都可以成为某个领域的杰出人才。

虽然人们先天的气质类型是不易被改变的，但后天的个性培养同样很重要。气质类型与个性之间有密切的关系。先天的气质类型是个性的物理基础。了解自己的个性，可以从自身的气质类型着手；培养自己的个性，也要从固有的气质类型出发。

七　测一测你的气质类型

大家一定很想知道自己是属于什么气质类型的人。下面的这 60 道题可以对你的气质类型做一个基本的测试。不过，在做这个测试之前，需要注意几个问题：这套测试题不要和其他人一起做，因为其他人的答案会对你产生暗示性的影响；最好选择一个安静的环境；一定要根据自己的实际情况来答题。以上几点要求是为了保障你所做的测试结果的准确性和有效性。

根据自己的实际情况，在"是、好像是、不确定、好像不是、不是"这5个答案中，选择一个符合自己的。

1. 只会做有把握的事情，做事力求稳当。
2. 遇到让自己气愤的事情的时候，非得把自己的火发出来不可。
3. 喜欢一个人解决问题，不喜欢和许多人一起。
4. 能够很快地适应一个新的环境。
5. 喜欢稳妥，讨厌寻求强烈的刺激。
6. 容易和别人发生争吵，而且喜欢在争吵时占上风。
7. 喜欢安静的生活环境。
8. 有很好的人际关系，喜欢和人交往。
9. 羡慕能够抑制自己情绪和感情的人。
10. 生活井然有序，很少破坏自己的生活作息习惯。
11. 大多数的时候都很快乐。
12. 在陌生人面前感到不自在和不舒服。
13. 碰到让自己发火的事情，能够很好地克制自己的不良情绪。
14. 工作和学习时，总是有旺盛的精力。
15. 在做决定时，总是犹犹豫豫的，很难果断地做决定。
16. 在人们面前并不会感到不自在和不舒服。
17. 情绪高涨的时候，做什么事情都会很感兴趣；情绪低落的时候，做什么又都提不起兴趣。
18. 很容易使自己的注意力放在一件事情上，而且一般不容易转移注意力。
19. 理解问题时比其他人快。
20. 没有安全感，尤其是碰到危险的事情时，总是会感到极度的恐惧。
21. 对工作和学习总是有很高的热情。
22. 对长时间从事简单枯燥的事情不会感到厌烦。
23. 对自己感兴趣的事情热情高涨；对自己不感兴趣的事情往往情绪很低落。

24. 自己的情绪很容易受到生活中一点儿小事的影响。

25. 对那些需要耐性和细心的工作感到很厌烦。

26. 在与人交朋友时不会低三下四的。

27. 对热闹的活动感兴趣。

28. 喜欢描写人物内心和感情细致的小说。

29. 工作学习时间长了，感到很讨厌。

30. 相对于长时间地讨论一个问题，更喜欢着手去实际解决。

31. 喜欢有什么就说出来，不喜欢窃窃私语。

32. 朋友总说我看起来不快乐。

33. 理解问题时，经常没有别人快。

34. 工作或学习感到劳累后，只需要短暂的休息，就可以神采奕奕地继续投入到工作中。

35. 不喜欢把自己心里想的说出来，喜欢一个人独自思考。

36. 对自己制订的目标会想尽一切办法去实现。

37. 在工作或学习一段时间后，很容易感到劳累。

38. 做事情容易冲动，常常不会考虑后果。

39. 老师在讲授新知识的时候，总是希望老师把速度放慢些，多重复几次。

40. 能够很快地忘记使自己不开心的事情。

41. 做作业或完成一项工作所花费的时间总是比别人长。

42. 喜欢运动量大且剧烈的体育运动或参加各种文体活动。

43. 无法很快地把自己的注意力从这件事情上转移到另一件事情上。

44. 对自己接受的一项任务，希望能把它快速地解决掉。

45. 觉得循规蹈矩比冒风险强些。

46. 能够把自己的注意力同时放在几件事情上。

47. 当我不高兴的时候，别人很难使我快乐起来。

48. 喜欢看情节曲折且激动人心的小说。

49. 对工作抱有认真谨慎且始终如一的态度。

50. 人际交往关系不是太好。

51. 喜欢复习学习过的知识，喜欢重复做自己熟练的工作。

52. 喜欢变化多端且花样百出的工作。

53. 小时候会背的诗歌，我常常比其他人记忆更深刻。

54. 别人总是说我说话容易伤害人，可我自己并不觉得。

55. 在体育活动中，常常因为自己反应慢而落后于别人。

56. 头脑灵活，反应速度快。

57. 喜欢井然有序且简单的工作。

58. 常常因为兴奋的事情而睡不着觉。

59. 老师讲解的新知识，常常听不懂，但理解以后就不容易忘记。

60. 假如工作枯燥无味，情绪就会很低落。

计分：

回答是，得2分；好像是，得1分；不确定，得0分；好像不是，得-1分；不是，-2分。

胆汁质型得分：第2、6、9、14、17、21、27、31、36、38、42、48、50、54、58题的得分之和。

多血质型得分：第4、8、11、16、19、23、25、29、34、40、44、46、52、56、60题的得分之和。

黏液质型得分：第1、7、10、13、18、22、26、30、33、39、43、45、49、55、57题的得分之和。

抑郁质型得分：第3、5、12、15、20、24、28、32、35、37、41、47、51、53、59题的得分之和。

确定气质类型的标准：

1. 如果某类气质得分明显高出其他三种，均高出4分以上，则可定为该类气质。如果该类气质得分超过20分，则为典型；如果该类得分在10~20分，则为一般型。

2. 两种气质类型得分接近，其差异低于3分，而且又明显高于其他两种，高出4分以上，则可定为这两种气质的混合型。

3. 三种气质得分均高于第四种，而且接近，则为三种气质的混合型，如多血—胆汁—黏液质混合型或黏液—多血—抑郁质混合型。

第四章
让个性自由地呼吸

八 如何培养孩子的个性？

首先，父母一定要注意自身的修养，特别是在孩子面前，尤其要注意自己的言行举止。父母是孩子的第一任老师，父母的言行举止对孩子的影响可以说是潜移默化的。你会发现，如果父母在日常生活中养成良好的生活习惯，那么孩子也会养成良好的生活习惯。个性上的影响同样如此。

> 曾参，春秋末期鲁国著名的思想家和儒学家，是孔子门生中的七十二贤之一。曾参不仅重视自身的道德修养，而且十分重视培养孩子诚实守信的良好个性。
>
> 有一天，曾参的妻子准备到集市上办点急事，年幼的儿子却非得跟着母亲一起去集市。曾参的妻子觉得带一个孩子去集市，实在太麻烦，就不愿带儿子去。可是，儿子一直闹，曾参的妻子实在没办法，就随口哄他道："你乖乖在家待着，等我从集市上回来，就把咱家的猪杀了，给你炖肉吃。"小孩子一听有肉吃，很高兴，就不再缠着母亲了。
>
> 等到曾参的妻子从集市上回来后，发现曾参正在磨刀。她问曾参磨刀干什么。曾参回答说："你不是说从集市上回来后，就杀猪炖肉给咱们儿子吃吗？"曾参的妻子听了很吃惊地说："我那是为了不让儿子缠着我去集市骗他的话，你怎么也当真了？"
>
> 曾参认真地对自己的妻子说："我们做父母的应该为孩子树立一个良好的榜样，不要总是觉得骗骗小孩子不是什么大不了的事。父母的品格对孩子品格的形成影响是很大的，你现在欺骗了他，他长大后不仅会欺骗你，还会去欺骗其他人。不能因为心疼这一头猪，让咱们的儿子变成一个没有信用的人。"说着，曾参就把猪给杀了。

父母可以给孩子个性以积极的影响，同样也会造成消极的甚至是恶劣的影响，将孩子的个性发展导向歧途。

据报道，有一名姓汤的男子教唆他三岁的儿子去偷东西。他总是带着自己的儿子去珠宝店，趁珠宝店的服务人员不注意的时候，他就让自己的儿子偷偷地把珠宝装进衣服的口袋里。由于孩子年仅三岁，就算珠宝店的服务人员马上发现了异常，也不会去怀疑这个孩子。父子俩可谓是屡屡得手。这个孩子在父亲如此的教育方式下渐渐长大。大约到了这个孩子十五六岁的时候，孩子开始觉得，这样小偷小摸来的钱还是太少，于是，他整天都在想怎样才能一下子得到很多钱。没过多长时间，这位少年就因抢劫而被逮捕了。

从这两则小故事中，我们可以看出父母的言行举止对孩子的影响是多么大。要想培养孩子良好的个性，就必须从自身做起，用自己良好的行为举止去影响孩子。

其次，要培养孩子认真做事的习惯、勇于克服困难的精神和积极进取的意识。让孩子养成自己的事情自己做的良好习惯；当孩子遇到困难时，要鼓励孩子积极主动地去克服困难，而不是一味地逃避。

现在的孩子大多数都是独生子女，从小就在溺爱的环境中成长。有许多父母把孩子的事情一股脑儿地全部揽到自己身上，不给孩子锻炼的机会，这样的孩子不仅无法养成自己的事情自己做的良好习惯，而且会变得懒惰，孩子长大后，难以承受挫折，极易因遇到一点儿小挫折，就消沉下去。

> 小波是一个独生子，从小可以说是在蜜罐中泡大的。在他还是一个婴儿的时候，就很任性，不管什么时候都得有人抱，不然就会号啕大哭。所以，他们家的长辈这个抱完他，那个接着抱，几乎从来都没有放到床上过，就算睡觉时也有人抱着。小波的爷爷奶奶觉得就这样一个孙子，抱就抱了。所以，小波学走路的时候就比其他孩子晚，他总是不愿下地学走路，爸爸妈妈和爷爷奶奶也不勉强他。
>
> 在小波的成长过程中，只要是小波想要的东西，没有拿不到手的。记得，有一次小波看见别的小朋友有一个很贵的玩具，非常好玩儿，他回到家就要求爸爸也给自己买一个这样的玩具。开始，小波的爸爸觉得不就是一个玩具嘛，买就买了。谁知，去商场一看，

第四章
让个性自由地呼吸

顿时吓了一大跳。这哪是什么玩具啊，简直比买大件的家电还贵。小波的爸爸就和小波商量，能不能不买，谁知小波不仅不依，还大哭大闹起来。小波的爷爷奶奶知道后，就责备小波的爸爸："不就是一个玩具嘛！为了宝贝孙子，买。"这起玩具风波就这样平息了。不过，小波的爷爷奶奶在私底下为那笔钱心疼了好久。

小波在自己家里过得可真是皇帝一般的日子。不仅在欲望方面会得到父母极大的满足，而且在家什么也不干，长那么大了，连衣服也是奶奶给穿的，鸡蛋的皮都不会剥，吃鱼的时候刺也是家长给挑干净的，更别说做家务了。用小波父母的话说就是："小波只要能够把自己的学习搞好就行了，这些小事情，我们做父母的完全可以代劳。"

小波就这样一直读到了初中毕业。小波的学习成绩还是不错的，中考的时候，考上了当地一所重点高中。但这所重点高中要求所有的学生都要住校，这可把小波的父母急死了，小波什么都不会干，一个人到了学校，可怎么办啊！小波的父母决定，在开学之前培养一下孩子独立生活的能力，谁知，小波在做这些事情的时候总是大吵大闹的，小波的父母也就不忍心这样为难孩子了。到了开学的时候，小波还是什么也没学会。

小波实在是无法适应住校的生活，无奈之下，小波的父母就给小波找了一所离家很近的普通高中，这样，小波就不用住校了。可是，后来小波在高考的时候没有考上自己理想的大学。他无法忍受这样的打击，从小到大，只要是他想要的东西，从来没有得不到的，于是，小波整天向自己的父母发脾气。小波的父母多次劝解小波，希望他能从这次失败的阴影中走出来，可以选择复读。小波显然难以接受父母的劝告，快开学了，小波还在家里大闹，父母也无可奈何。

其实，这样溺爱的例子不在少数。我们发现，有好多父母都认为孩子的任务就是学习，其他的事情由父母代劳就可以了。如果孩子自己的事情总是由父母代为完成的话，会让孩子对父母产生一种依赖心理。这样的孩子遇到一点儿困难就会逃避，他们总是认为父母会为他们解决一切困难。

当孩子小的时候，你可以帮他解决很多问题，但是当他长大了，他的许多问题你实在无力解决的时候，孩子自己就更不能解决了，因为在父母的庇护下，孩子早已丧失了自己动手解决问题的能力，在困难面前，他不是积极勇敢地面对，而是习惯性地逃避，或者被困难打击得一蹶不振。

要鼓励孩子积极与伙伴们交往，和伙伴们建立良好的关系。事实证明，良好的人际关系对一个孩子的个性塑造是极为有益的。在与伙伴们交往的过程中，可以让孩子学会以诚恳、公平、谦虚的态度对待别人。因为通过与伙伴们的交往，孩子会发现，只有当自己尊重别人的权益，设身处地为他人考虑时，才会有小伙伴乐于与自己在一起。有的家长担心自己的孩子在与同龄人的交往中会受委屈，就把孩子关在家里。这是极为不明智的做法，这样会养成孩子孤僻的个性，时间长了，这样的孩子很难融入集体生活中去。

> 小齐的妈妈很重视小齐的学习。在小齐小的时候，其他的孩子在一起愉快地玩耍，小齐却只能从自己家的阳台上看着。小齐还不敢看太长的时间，因为他要赶紧完成妈妈给自己布置的学习任务，妈妈下班时会检查。
>
> 后来，等到小齐上初中和高中的时候，小齐的妈妈对小齐的管教就更加严厉了。小齐从来没有交过朋友，不论是吃饭还是放学回家的时候，总能看见小齐孤单的背影。后来，小齐顺利地考上了大学。在大学时，小齐因实在无法与宿舍的室友相处，就搬了出去。室友都说小齐这个人只会我行我素，一点儿也不会尊重他人。
>
> 后来，小齐大学毕业后，在一家公司上班，不久就被解聘了，因为小齐不会与他人合作。公司的人也说小齐是个很孤僻且难以相处的人。小齐的妈妈这时才意识到，自己好像真的错了。

可见，良好的人际关系对一个人个性的发展具有不可替代的作用。

第四章
让个性自由地呼吸

九　如何培养学生的个性？

1979年6月，中国曾经派出过一个教育考察团去美国访问，考察美国初等教育状况。回国后，考察团写出了一份3万字的考察报告。在这份考察报告中提到，美国的学生无论学习好坏，品德优劣，个个都是一副趾高气扬、踌躇满志的样子，好像自己就是这个世界的主宰。

在美国，无论是公立的学校还是私立的学校，音、体、美都受到广泛的关注，而数、理、化却门庭冷落，这样的景象让有着"学好数理化，走遍全天下"思想的中国考察者们百思不得其解。其实，研究证明，音、体、美对一个人的创造性或个性的发展都是极其有益的。

美国学生上课的状态更让中国的考察者们无法接受。美国的课堂几乎是处于一种失控的状态，学生在课堂上谈天说地，实在算不上什么稀奇，更有甚者在课堂上走来走去。这些都是绝对不可能在中国的课堂上出现的。

最后，中国考察者做出了这样的预言：美国的初等教育已然病入膏肓。中国只需要用20年的时间，就可以在科技和文化上超过这个超级大国。

与此同时，美国也派出了考察团来考察中国的教育。回国后，他们也写了一份考察报告。在报告中，他们对中国的中小学生进行了高度的赞扬。他们认为中国的学生是世界上最勤奋的学生，当美国的学生正在呼呼大睡的时候，中国的学生已经去学校上学了。他们还指出，在美国找不到的安静的课堂，在中国却到处都是。

最后，美国的考察团也做出了这样的预言：20年后，中国在科技和文化上将超过美国。

时间把中美两个国家的考察团所做的预言给无情地粉碎了。在美国"病入膏肓"的教育体制下，美国培养了43位诺贝尔奖获得者和197位知识型亿万富翁，而中国的学校却培养了一大批平庸的人。

每个孩子都有自己独特的个性。中国的教育只是在乎学生试卷上的那个数字；而美国的教育制度却给了美国学生个性发展的自由空间。在整个学校教育中，对学生个性的培养，老师是站在主体位置上的，老师如何培养学生的个性，就变得尤为重要。

首先，使自己的课堂开放起来，欣然接受敢于质疑的学生。大部分老师都很注重自己在课堂上的权威，对于在课堂上向自己提出质疑的学生，一般很难接受。而想培养学生的个性，就必须让学生敢于发表和自己不同的见解。对待提出不同见解的学生，不要以老师的权威去压制，而是要以理性宽容的态度对待学生提出的质疑。学生提出了质疑，就说明学生在思考，老师所要做的就是引导学生正确地思考，从而使学生的个性得到健康的发展。

其次，因材施教。根据学生不同的个性，采取不同的教育方法。我们的学校不是工厂，也不是为了像流水线一样制造相同规格的产品。我们是为了培养各种各样不同的优秀人才。这就需要老师们对学生的性格、气质，意志、兴趣有一个详细的了解，这样才能根据不同学生的不同情况，运用不同的教育方法。唯有如此，学生的个性才能得到健全的发展。

十　如何修炼自己的个性？

其实，我们自己对自己的个性进行有意识的培养，才是整个个性培养过程中的主题。在我们成长的过程中，会有许多因素影响我们个性的发展。所以，培养一种良好的个性，需要正确的方式和途径。

首先，好朋友，让我们终身受益。我们每个人都会有几个谈得来的朋友。或许你自己都没发现，好朋友对你的影响有多大。在与朋友交往的过程中，你会学会站在他人的立场上考虑问题，久而久之，你的个性中就会积淀出谦逊、诚恳、公平等许多优秀的品质。

而且，在与朋友交往、沟通的过程中，你的朋友身上一定会有很多值得你学习的优秀品质。身为朋友，他们一定会很了解你的性格，包括你性格中的缺点。当你的朋友指出你性格中的缺点时，你可以进行改正，这样你的个性就会越来越完美了。

其次，读书，可以找到我们的榜样。一本好书可以对我们的心灵产生震撼式的影响。在阅读优秀的小说的过程中，我们常常会被小说中的人物形象所折服，那是因为小说中人物的个性魅力在吸引着我们。像雨果《悲惨世界》中的主人公冉·阿让，就以他那善良的性格深深折服了许多读者。我们可以把书中的人当作自己学习的榜样。奥斯特洛夫斯基的《钢铁是怎样炼成的》

中的主人公保尔坚毅的个性就值得我们学习。尤其是保尔在烈士公墓中所说的那段话:"人最宝贵的东西是生命,生命属于我们只有一次。人的一生应该这样度过:回首往事,他不会因为虚度年华而悔恨,也不会因为碌碌无为而羞愧。"更是道出了生命的意义所在。榜样的力量是伟大的,在对这些人物的优秀个性的学习和模仿中,我们终有一天也会形成同样优秀的品质。

再次,学习,可以锻炼我们的个性。学习是一个枯燥且需要不断战胜困难的过程,对我们的个性也是一个很好的磨炼过程。在学习过程中,我们可以培养自己勤奋的品质,因为要想取得好的学习成绩,就必须付出辛勤的汗水。在学习的过程中,我们能够培养认真仔细和独立思考的优秀品质。而且,在学习过程中遇到的困难还可以磨炼我们克服困难的坚强意志。

第五章
异性交往，羞涩的青春

在青春期对异性产生好感，并不意味着早恋，那只是一种正常的情感罢了。青春期孩子所要做的就是顺其自然，等到你真正成熟的那一天，你会笑对这一切的。

Notes

从前有一个虔诚的基督徒，信仰上帝，什么杂念也没有。后来，他生了一个儿子。他希望他的儿子像他一样虔诚地信仰上帝。在儿子很小的时候，他就把儿子和外面的世界隔离起来，什么诱惑也没有，眼中只有上帝。后来，儿子长到了16岁，整天除了上帝什么也不想。这位基督徒一看儿子已经修炼到家了，就准备带儿子去见识见识外面的世界。

一天，他带着儿子进城。由于头一次看见外面的世界，儿子一时间没有反应过来，就显得有些木讷。这时，对面走来一个很漂亮的女子。儿子看见女子眼前一亮，就问他的父亲："爸爸，那是什么？"看见儿子被吸引的样子，父亲没好气地说："那是空气。"到了快回家的时候，父亲问儿子有没有想买回家的东西，儿子毫不犹豫地说："我只想买'空气'。"

人们对异性具有一种与生俱来的好感，都有了解和接触异性的愿望。青春期的男女对异性会产生好感是很正常的，如果强行加以压制，反而会产生适得其反的效果。

由于青春期男女的荷尔蒙大量分泌，从而导致了身体性器官的快速发育成熟，这种生理上的快速成熟，会导致青春期孩子对异性产生强烈的兴趣。青春期的男女对待异性的态度也会发生不小的变化。比如，喜欢在私下里谈论异性同学；会对比较熟悉的朋友进行嘲讽或两两配对；寻找各种各样的借口，接近异性同学；会对异性产生好感；与异性交往时会感到不好意思；想与有好感的异性单独交往等。

似乎是在突然之间，过去使男孩子咬牙切齿的女孩子，如今在男孩子的眼里变得美妙起来；以前令人讨厌的男孩子，如今在女孩子的眼里开始变得富有吸引力了。这些都是青春期的正常现象。一般来说，青春期的男孩子会对女孩子的身体（她们的身体构造与曲线），还有她们漂亮的头发与眼睛特别感兴趣。但是青春期的女孩子对男孩子的体型与外表不太感兴趣，她们更感兴趣的是男孩子说话的腔调、走路的姿势及他的思维方式。

一　为什么好男孩喜欢上坏女孩？

　　李威是一名高二的男生。其实，在刚上高中的时候，他就听到同学们经常议论谁和谁在一起之类的话题，但是李威从来都没有放在心上过。李威觉得自己现在就应该好好学习，考上大学之后才可以谈恋爱。不过，李威的这种心态随着一个女孩的到来而发生了微妙的变化。

　　有一天，李威的班里转过来一个插班生，是一个很漂亮的女孩。不过，这个女孩与班上其他女孩的打扮颇为不同。她打扮得很时尚，尤其是她一头披肩的卷发，更是让李威眼前一亮。而这时，老师又把这个时尚的漂亮女孩安排成了李威的同桌，李威在瞬间明显感觉到自己的心脏在加速地跳动。

　　后来，李威总是在上课的时候有意无意地看这个女孩。每天晚上都会想好多的话准备和她说，到了第二天上学时，见到她后又不怎么能说出话来。看见她和班里其他男生有说有笑的，自己就会感到很生气，希望她能永远留在自己的视线内，只跟自己说话。有一天，这个女孩不知什么原因请假了，这一整天李威都失魂落魄的。后来，李威的一个哥们儿问李威是不是喜欢这个女孩时，李威的心里先是"咯噔"了一下，马上就强烈地否认了。

第五章
异性交往，羞涩的青春

由于李威的精力总是无法集中，他的学习成绩下滑得很厉害。当这次月考成绩公布的时候，李威觉得自己不能再这样消沉下去了。可是，李威在学习的时候总是不由自主地想到那个女孩。李威觉得自己这样不是办法，他必须让那个女孩知道自己的心意。

终于，他鼓起勇气，花费了整整3个小时的时间写了一封情书，准备第二天上学的时候交给那个女孩。整个晚上，李威都在想象着那个女孩收到情书时的样子，他甚至都想好了他们之间的海誓山盟以及之后他们浪漫的约会。就在这样关于爱情的美好的想象中，李威不知不觉地睡着了。

第二天，李威忐忑地把那封情书放在了那个女孩的抽屉里。一个上午，李威都没怎么听老师讲的课。可是那个女孩怎么还是一点动静也没有？李威就这样耐心地又等了一个下午。谁知，一整天的时间，那个女孩好像什么事情也没发生一样，照常地听课、做笔记，下课的时候照常和别人有说有笑的，这让李威感到了一丝不解和失落。不过，李威又想或许是自己太突然了，她可能是需要足够的时间来考虑清楚吧！李威很快就又沉浸在自己想象的美好的画面中了。

第二天上学的时候，李威看见有好多同学都在教室的黑板报上看什么，就好奇地凑过去看，这一看，李威差点儿没气晕过去。黑板报上张贴的不正是自己写给那个女孩的情书吗！情书上李威的署名是那么刺眼。随后，关于李威癞蛤蟆想吃天鹅肉的流言就这样在班里流传开来，李威的自尊心受到了很大的伤害。

其实，那个转学过来的女孩并不像李威想象得那么美好。这个女孩之前在上海的一所高中就读，因为多次违反校规校纪被学校开除了，无奈之下，这个女孩的父母只好为她转学到这个偏僻的小县城，继续学业。只是在这里，她还是无法专心学习，一味地打扮自己。李威经过这次的情书事件后，在班里就变得更加沉默起来。

到了高三的时候，这个女孩因没有希望考上大学，就辍学去上海参加工作了，李威这时的学习成绩也下降到了无法考上大学的地步。果然，在高考成绩出来后，李威名落孙山。李威的父亲问李威，是继续复读一年，还是和他一起出去打工。李威实在不甘心，就下定决心复读一年。一年之后，李威的高考成绩十分优秀，就算李威报考清华或北大也是没有问题的，但是李威还是选择了上海的复旦大学。或许，还是放不下她吧，尽管情书的事情把李威伤得不轻，但李威还是想见见她。

这个世界说大也大，说小也小。在大学四年里，李威并没有见过那个让他魂牵梦绕的女孩。大学四年，李威也谈过恋爱，但总是忘不掉她的影子，所以，大学时期的恋爱都无疾而终了。不过，李威的这些女朋友都有一个显著的特点，她们都有一头漂亮的披肩卷发，而这正是李威第一次见她，最让自己心动的地方。

后来，大学毕业后李威找了一份不错的工作。由于李威的优异表现，很快他就成了部门的主管。这时，李威也有了一个准备谈婚论嫁的女朋友，只是李威还是放不下她。

一个偶然的机会，李威遇见了那个女孩，她还是那么漂亮。当时女孩也认出了他。两人在寒暄了一阵之后，李威就请这个女孩去吃饭。在吃饭过程中，李威优雅的表现深深地吸引了这个女孩。这个女孩后悔地想到，早知道这样，当初自己就不应该放手，现在自己应该努力把他钓到手。

这个女孩似乎很是自信，她觉得李威一定会再次爱上自己的。于是，在聊完过去的事情后，他们又聊到了现在，当女孩知道李威现在已经是一家大公司的部门主管时，眼睛里露出贪婪的目光。她对李威说，自己的现状很不好，希望李威可以给自己介绍一个好工作，让她干什么都行。

没过多久，李威就打断了她的话，说自己还有点儿急事需要处理，改天再聊。李威其实是给自己找了一个离开的理由，因为李威

第五章
异性交往，羞涩的青春

> 不想再待下去了，那样她在自己心中美好的形象就会被破坏得一点儿不剩了，只会让他觉得自己年轻的时候是多么的幼稚。

随着青春期孩子生理发育成熟和与异性接触增多，有许多青春期孩子都出现了恋爱的萌芽。许多青春期孩子都会被相貌出众或有才华、有特长的异性所吸引，这些都是很正常的。青春期的恋爱都是建立在相互吸引的基础上的，而外貌的吸引就是最重要的条件。我们会发现，大多数青春期孩子的暗恋对象或恋爱对象都是一些相貌较好的同学，这是因为青春期孩子的心智发育还不够成熟，很容易被美丽的外表所吸引，被异性的外表吸引了，就误以为自己爱上他（她）了。

李威就是这样的典型。他最初就是被那个女孩的外表所吸引，逐渐地关注那个女孩，以至于认为自己爱上了那个女孩，就决定给她写情书。虽然因为情书事件对李威的伤害很大，但是李威还是忘不了那个漂亮的女孩。在自己有了成功的事业时，李威又遇见了那个曾让自己心动的女孩，只是已经成熟的李威不再觉得她迷人了，反而觉得她是那么的庸俗。这些都是他心智成长的正常结果。

我们每个人在自己初高中时代，都会有自己暗恋的对象，在自己的心目中，那个人是那么的完美，实际上，那只是自己一厢情愿的想象罢了。有人说，暗恋不算是恋爱，其实，在一定程度上，暗恋也是一种恋爱，只不过，在恋爱的过程中只有你一个人和你想象中的那个人。所以，有人会说，我爱你和你无关！

当你真正长大了，成熟了，你就不会那么注意一个人的外表，而是更加关注这个人的内涵。或许上天会给你一个再见到那个人的机会，那时你才会恍然大悟，原来自己喜欢的一直是那个想象中的他（她）。

二 为什么好女孩喜欢上坏男孩？

有一个女孩，喜欢他们班里一个有名的坏小子。这个男孩不仅爱打架，而且学习很差，但是长得很帅。在女孩的印象里，这个男孩穿红色的衣服更好看，就好像校园里的一把火。老师和同学们对男孩的评价非常低，但是女孩却不以为然，反而觉得男孩很有个性。

女孩就这样一直暗恋着这个男孩。后来，男孩因打架被学校开除了，提前步入了社会。女孩因为无法再见到男孩很伤心，但这并没有影响到女孩的学习，后来考上了大学。大学毕业后，她回到自己家所在的城市里工作。工作不久后，经同事的介绍就结婚了，现在有了一个一岁多的儿子，只是这个女孩还是会不经意地想起那个喜欢穿红色衣服、坏坏的、帅帅的男孩。

有一次，她上街去买菜，看见一个和他很像的卖猪肉的老板在和一个人争吵，那个人说卖猪肉的老板不仅没有营业执照，而且昨天卖给她的猪肉还是坏的。猪肉老板说那猪肉没有问题。这个女孩怔怔地望着这个卖猪肉的老板，有点不敢相信，岁月已经把当年的少年变成了如今的不堪入目的猪肉老板。

只见这个老板一脸横肉，大腹便便的，穿着一件油渍的红色背心，不过眉宇之间还是可以依稀辨认出当年的模样。这时，女孩听到一个人喊了他的名字，那个人让他快跑，工商局的来了。只见他推起自己卖猪肉的车，没命地跑掉了。女孩愣在原地，她在想："原来真的是他！"之后，女孩再也没有想起那个男孩，因为女孩已经知道，自己喜欢的不过是自己想象中的那个人罢了。

青春期孩子很容易被有特长、有才华的异性所吸引。这些异性会以自己的特长在大多数的青春期孩子中脱颖而出。他们有的学习成绩优异，有的吹拉弹唱样样精通，有的是操场上的体育健将。比如，许多女孩子都会喜欢打篮球打得很好的男孩子。

其实，青春期孩子会对异性产生好感，是青春期生理和心理发展的必然趋势。首先要指出的是，在青春期对异性产生好感，并不意味着早恋，那只是一种正常的情感罢了。青春期孩子所要做的就是顺其自然，等到你真正成熟的那一天，你会笑对这一切的。

三　不妨珍藏这份感情

小恒今年17岁了，正是长身体的时候，却患上了厌食症，而且也不愿去学校上学。这可把小恒的父母给急坏了。其实小恒的这些症状全都是一封情书惹的祸。

小恒出生在一个普通的家庭，父母虽然都是很普通的工人，但却很重视对小恒的教育。小恒从小就被教育成一个道德观念很强的人。他就这样平平安安地度过了自己的小学和初中。在高中的时候，小恒很快就被一个叫小萌的女孩吸引了。那个女孩不仅长得漂亮，而且学习很好，还是小恒他们班的班长。在一次调座位的过程中，小萌被安排在了小恒的前面，这样两个人接触的机会就越来越多了，这让小恒很兴奋。

不知从什么时候开始，小恒上课的注意力很难集中起来，总是有意无意地盯着小萌的背影发呆。只要小萌一对他说话，小恒就会变得紧张起来，而且还语无伦次的。当小萌不和自己说话时，小恒就又想尽办法和小萌搭话。小恒觉得自己一定是喜欢上小萌了。而且，由于小萌是一个活泼外向且热心肠的女孩儿，她总是帮助小恒，这让小恒产生了一种错觉，觉得小萌也是喜欢自己的，但自己既然是男孩子，就应该主动一点儿。

小恒决定给小萌写情书，表明自己的心意。他花了整整一晚上的时间，写了一封自己觉得最完美的情书。第二天，小恒偷偷地把

第五章
异性交往，羞涩的青春

相同。或许，在你青春期的时候会因为某些原因而使你的想法发生极大的改变，而你的恋人的想法会和你产生极大的分歧，你们看待事情的观点不同了，很容易发生争吵，争吵过后可能就是关系的决裂。所以，在青春期发生的恋情，一般是很难相伴到老的。

2. 心理尚未成熟。青春期孩子的自我意识虽然较幼年时期已经觉醒，但是在自我意识方面还存在着一定的盲目性，具体表现在自以为是或以自我为中心。青春期孩子的情绪波动较大，具体表现为爱冲动，恋爱中的青春期孩子更容易因为一时的冲动犯下让自己终身后悔的错误。像有些男同学为了表现自己的男子汉气概，去为女朋友打架的事例并不少见。

而且，在意志力方面，青春期孩子的自制力比较差，很容易一时冲动而偷食禁果。在这方面，女孩子受到的危害更大些。或许在当时女孩子也不会觉得有什么，但是随着年龄的增长就会追悔莫及。每年高考体检时，总会检查出许多怀孕的女孩子，而这些怀孕的女孩子按照规定是不能参加高考的。可是这些女孩子的损失何止是不能参加高考这么简单！

3. 经济尚未独立。青春期孩子由于正处在学习的阶段，上学和生活的费用全部来自父母。而爱情和婚姻乃至于生育都是建立在经济基础上的。有好多青春期孩子为了取悦自己的恋人，不惜去偷窃而走上犯罪的道路。也有许多青春期孩子因偷食禁果而意外怀孕，自己不敢对父母说而又必须打胎，只好东拼西凑，拿着数额有限的钱，只够去没有保障的小诊所堕胎。有一些女孩子就这样丧命于堕胎手术或者身体受到严重的损害。就算是度过这样的危险期，小诊所的简陋条件对女孩子的身体造成的潜在伤害也是无法估量的。

总之，青春期是一个人一生中精力最充沛，求知欲最旺盛，观察、记忆、思维、想象等认识能力也最强的时期，过早地涉足爱情只会白白浪费这读书学习的黄金时期，等到自己幡然醒悟的时候，青春却已不在。

四 异性能做朋友吗?

　　李奇是一名高二的学生。这些天他的心情很不好，因为他的父亲刚刚过世不久，母亲整天在家以泪洗面，李奇每天放学后，还得千方百计地安慰母亲。

　　有一天上学的时候，李奇似乎听见河边的小树林里有人在哭，李奇在好奇心的驱使下走到了河边。他一看是同班的张晓，就准备过去打个招呼，没想到却看见张晓在哭着咬自己的手臂。李奇吓了一跳，因为在他的眼里，张晓是一个学习优异且漂亮的女孩儿，李奇觉得张晓犯不着这么做。他决定上前去问问张晓究竟发生了什么事。张晓无意间看见了李奇，马上就停止了自己的行为，怔怔地望着李奇。

　　李奇走近一看，张晓的手臂已经被咬得伤痕累累。李奇就问张晓为什么这么做。张晓看实在瞒不下去了，就对李奇说："我以前总是考第一名，可是到了高二的时候，不论我怎么努力，总是考不到第一名。我的爸爸妈妈总是因为成绩责怪我，我感觉压力很大，也不知道怎么办，只好在每天上学的时候来这里发泄一下。"李奇突然有些可怜这个以前看起来那么优秀的女孩了。李奇劝解了张晓很久，后来两人一起去上学了。

　　从此以后，张晓每次遇到不开心的事情，就会找李奇倾诉，和李奇说完不开心的事情后，张晓的心情就会好很多。李奇在和张晓接触后，发现张晓并不像自己以前想象的那么高傲，反而很平易近人，于是，李奇就把自己父亲刚过世的消息告诉了张晓。张晓一听很吃惊，不过，张晓还是好好地安慰了李奇一番。李奇以前总是觉得自己够坚强，能接受这一切，但经过张晓的安慰后，却觉得轻松了许多。就这样一来二去的，两人成了无话不谈的好朋友。

第五章
异性交往，羞涩的青春

可是，没过多长时间，在班里关于李奇和张晓的流言就传播开来了，同学们都说他们两人是在谈恋爱，李奇和张晓偶尔在班里说一两句话，也会引来同学们的起哄。不过，李奇和张晓都觉得只要自己行得正，就不用在乎别人的看法。他们就这样顶着舆论的压力，依然做着异性好朋友。

终于有一天，关于李奇和张晓的流言传到了老师们的耳朵里。班主任对这件事情很重视，先是找来李奇和张晓谈话，但是张晓和李奇一再表示，他们两人之间只是普通朋友，并无同学们传言那样的男女朋友关系。谁知，班主任并不相信两人说的话，而是请来了李奇和张晓的家长。李奇和张晓之间的友谊就在这样的重重压力之下结束了。他们觉得很无奈，为什么异性之间就不能做朋友呢？

在青春期的异性交往中经常会遇到这样的问题：如果你和班里的某个男生或女生走得太近的话，会引来许多流言蜚语。本来两个人是好朋友，之间什么也没有，但是因为两人走得太近了，同学们就会说闲话，同学们之间的流言保不齐有一天会传到老师的耳朵里，老师就会找两人谈话，进而闹到家长那里。这似乎是不可避免的过程。

其实，异性朋友对每个人来说都是无法回避的。进入青春期后，随着生理和心理的发育成熟，每个青春期孩子都会产生对异性朋友的渴望，这是无关男女感情的、很正常的一种现象。

心理学家认为，人一生的交往主要分为三个阶段。

第一个阶段是自我社交阶段。在这个阶段内，人们的愉悦主要来于自身。这个阶段主要是学龄前时期。

第二个阶段是同质交往阶段。在这个阶段内，人们的愉悦与满足主要来自与同性朋友的友谊。这个阶段主要是小学时期。

第三个阶段是异质交往阶段。在这个阶段内，人们的愉悦与满足是来自多方面的，包括同性友谊和异性友谊以及爱情。在这个阶段，能不能与异性形成一种亲密的关系，就变得比较重要了。这个阶段会从一个人的初中时期一直延续到一个人成年。

从一个人一生中的这几个发展阶段来看，青春期孩子与异性朋友的交往就变成了一种必然的趋势。而且，国内外的研究表明，青春期时适当的异性交往不仅可以增进对异性的了解，丰富自身的情感体验，扩大自己的交往范围，而且可以促进我们人格的全面发展。

青春期与异性交往的好处主要表现在以下几个方面。

1. 智力方面。从智力结构上来讲，男生在算术理解、空间关系、抽象推理上比较占优势；女生在语言、形象思维、记忆等方面比较占优势。由于男女在智力方面存在典型的差异，所以男生女生经常在一起学习，可以弥补各自的不足，从而提高自己的智力活动水平和学习效率。

2. 情感方面。女生的情感比较细腻温和，富于同情心，情感中富有使人宁静的力量；而男生情感外露、粗犷、热烈而有力。与异性朋友的交往可以获得在与同性交往时所得不到的情感的安慰。比如，男生的苦恼、挫折感可以在女生平和的心绪与同情的目光中找到安慰；女生的苦楚与忧愁可以在男生那里得到缓解等。

3. 个性方面。只与同性交往，我们的心理发展往往会狭隘；在与异性的交往中，可以使我们的个性得到丰富的发展。

学生和老师以及家长们都需要以正确的态度对待青春期男女之间的友谊。同学们首先应该意识到青春期男女同学之间的交往是很正常的一种现象，不要总是觉得一男一女走得近了，就是在谈恋爱。大多数同学都认为，学生最重要的任务就是读书，与异性的交往是长大后的事情；或者认为只要和异性做朋友，就会发展成恋人的关系，抑或是与异性交往会影响自己的学习。其实，这些都是学校或家长有意无意造成的关于青春期异性之间交往的认识误区。

在青春期与异性交往是你成长过程中必须学会的一门重要的"功课"。如果在这个关键期把这门"功课"丢弃的话，长大的你就会成为这方面的"困难户"。在青春期的时候，异性之间的交往并不是都会发展成为恋人的关系，大多数青春期的孩子都会在男女关系上采取很谨慎的态度，通常是不会越雷池半步的。

与异性的正常交往不仅不会影响学习，还会促进学习。如前所述，男女之间的智力虽然无优劣之分,但是在智力结构上却有着不小的差别。青春期正常的异性交往,可以弥补男女之间在智力结构上的显著差异。

老师们对待学生之间的异性交往是很敏感的。在老师们的眼中,与异性交往很容易使中学生发生早恋,分散学习的精力,从而影响学习。其实,大多数青春期的孩子都已经具备了正常的自我保护意识和自制的能力,尤其在早恋的问题上,青春期孩子们还是很谨慎的。

老师们要对自己的学生有信心,相信自己的学生一定可以依靠自己的能力解决好与异性交往所遇到的问题。有时候出现与异性交往分散精力的现象,其实并不是正常交往在分散他们的精力,而是巨大的精神压力造成的精力分散,这种巨大的精神压力来自老师或家长对于青春期孩子异性交往的过于敏感的反应。

家长们最担心的莫过于自己的孩子在与异性过深的交往中会发生"那样"的关系。虽然青春期孩子体内的雄性激素(男)或雌性激素(女)在急剧增长,会对异性有着特殊的敏感和关注,但是,由于从小就接受了严禁过早或随便发生性关系的教育,青春期孩子对待这方面的问题还是很谨慎的。

总之,青春期男女之间的正常交往不仅是青春期生理机能和性心理成熟一种正常的表现,而且对青春期孩子个性的全面发展也是很重要的。

五 遇到麻烦怎么办?

在与异性交往的过程中,青春期孩子可能会遇到各种各样的问题和麻烦,需要冷静地处理。

> 马林和张玉可以说是从小一起长大的,后来,两人又上了同一所高中。由于马林的数学很好,张玉的英语不错,两人经常在一起互相帮助。时间一长,马林对张玉好像有了一种和以前不一样的特别感觉,但是,张玉对马林还像从前那样。马林终于在矛盾重重的心理下做了一个重大的决定,他决定向张玉告白。

毫无准备的张玉在听到马林说喜欢她时，顿时就愣住了。等张玉反应过来，她首先想到的就是跑回家。她用了一个晚上的时间，好好地想了想她与马林的关系，她觉得自己现在还不是谈恋爱的时候，再说自己一直把马林当成好朋友，从来都没有往那方面想过。她决定第二天单独找马林说清楚。

在张玉和马林谈过之后，这件事情并没有结束。马林并没有就这样死心，他总是觉得自己和张玉从小一起长大，张玉不可能对自己没感情。马林并没有放弃对张玉的追求，这让张玉很是苦恼。她想告诉老师或家长，但是又怕这样做老师或家长会当面批评马林，那样的话，依张玉对马林的了解，他一定会因为受不了自尊心的打击而做出过激的事情。张玉不想看到马林这样，但是面对马林锲而不舍的追求，她又不知道如何是好，只好有意地躲着马林。

这样的情况在青春期孩子的日常生活中其实并不少见。不过也有更加过激的行为。

未满16周岁的小杰和小容因为一个偶然的机会相识了，两人很谈得来，总是在一起彼此倾诉生活中和学习中所遇到的困难，每次聊过之后，双方都会觉得轻松和愉快不少。

久而久之，小杰觉得自己喜欢上了小容，就挑了一天向小容告白。谁知，小容毫不留情地拒绝了小杰。当时小杰觉得自尊心很受打击，但是小杰并不准备放弃对小容的追求。这件事情过后，小容再也没有和小杰见过面，她觉得自己只要不和小杰见面，要不了多长时间，小杰就会把自己给忘了。

可是，小杰总是去小容家找她，而小容总是让自己的爸爸把小杰给赶走。小杰觉得既然在小容家见不到她，那就只能在小容放学的路上截住她，但小杰的这一做法反而引来了小容更大的反感。小

第五章
异性交往，羞涩的青春

容每次遇到小杰的时候，都对小杰恶语相向，小杰的自尊心受到了强烈的刺激，恨极了小容，于是，小杰酝酿着报复小容。

一天晚上，小杰叫上了与自己关系较铁的一个哥们儿，去找小容报仇雪恨。当时，他们两个人各自拿着一把尖刀，等小容放学后一直尾随着她到家。小容看见小杰一脸的凶相，就有了一种不好的预感。她匆匆忙忙地回到了家，到家后，小容就把自己家的家门锁得死死的，小杰见小容怎么也不肯开门，就一直用脚踢门。

这时，小容的父亲回来了。小容的父亲一看又是小杰，就不耐烦地让小杰赶快离开。小杰趁小容的父亲不注意的时候，向他的胸口捅了一刀，小容的父亲当场就倒下了。小杰从小容父亲的口袋里取出了钥匙，把门打开后，对着小容的腹部连刺了好几刀。小容父女就这样倒在了血泊里。

后来，在邻居报警后，小容和她的父亲很快就被送到了医院进行治疗。小容的父亲因被刺中了要害部位，不治身亡；小容虽被刺了好几刀，但因未刺到要害，捡回了一条命。不久，小杰就被警方抓获了，虽然他未成年，但因为罪行恶劣，仍然要接受法律的惩罚。

其实，在青春期的时候，会有许多女孩子或男孩子遇到这种状况，尤其是长相姣好的孩子。遇到这样的状况，一味地逃避显然不是最好的解决方法，需要理智地去对待这样的麻烦。

首先，坚持你拒绝的态度，不要犹犹豫豫。既然是喜欢你的人，那他对你的言行举止一定会非常关注和敏感，你的态度如果不坚决的话，就会让对方产生一种误会，觉得自己还有希望，这样不论是对自己还是对对方而言，到最后都是一种伤害。像张玉的犹豫不决，就使得马林觉得张玉可能是喜欢自己的，因此对张玉展开了锲而不舍的追求。这样下去的话，两人的学习和生活都会受到不小的影响。

其次，尽力维护对方的自尊心。既然对方表示喜欢你，其实是对你的一种肯定。具体来讲，你可以先对对方的人品或才华进行一番赞赏，然后再说情书放在了小萌的课桌里。一上午的时间，小萌都好像没事儿人一样，照常听课，做笔记。小恒就这样忐忑不安地等了一上午。

到了午休的时候，看见小萌还没有反应，小恒就和几个同学照常吃饭去了。正在吃饭的小恒看见小萌和几个女同学朝自己走来，小恒一阵激动。谁知，小萌把那封小恒花了很多心血的情书扔到了他的脸上，没等小恒反应过来，就听到小萌说："你真是不要脸，臭流氓。"说完，小萌就走了。正在吃饭的小恒不知该怎么办了，当着食堂这么多人的面儿，小恒觉得很丢脸，他自己都不知道自己是怎样逃出食堂的。

后来，小恒就请假回家了，并不愿再回学校上学。因为，小恒觉得同学们一定会讨论他的情书事件，自己实在没脸再去学校，他怕同学们骂他是臭流氓。只是，现在小恒连吃饭都出现了困难，只要一吃饭，他就会想到那天在食堂发生的事情。看着小恒一天一天地消瘦下去，他的父母很着急。

青春期对异性产生好感，是感情的自然流露。由于青春期孩子们的心智还没有成熟，承受打击的能力以及负担爱情的能力都还很欠缺，是不宜把对异性的好感发展成为恋情的。一方面，就算是你告白成功了，你们也是无力承担爱情的；另一发面，如果在告白时遭到对方的拒绝，会对你产生很大的消极影响。像小恒一样，自己的自信、自尊被打击得了无踪影。

所以，在青春期的时候，对异性产生了好感后不要轻举妄动，只需要顺其自然地发展，等到你心智成熟的时候，自然就会看开了。在此也要提醒广大青春期孩子，千万不要把与异性之间的正常交往升级为爱情，年轻的生命往往承载不起爱情的款款深情。主要原因如下：

1. 思想尚未定型。青春期是一个人由幼年时期向成年时期过渡的关键时期，这个时期，青春期孩子们的世界观、价值观以及人生观正处在定型的阶段，以后可能会发生很大的变化。

你和你的恋人之所以在一起，那是因为你们看待事情的观点和角度基本出你无法接受他的理由。理由要合情合理，最好是让对方觉得你是站在他（她）的立场上为他（她）考虑的。这种方法尤其适用于心理承受能力较差的人，可以避免一些极端行为的发生。像小容在拒绝小杰的时候，就显得过于生硬，使得小杰难以接受被人拒绝的事实，进而把对小容的喜欢转化为怨恨，进行残忍的报复。如果小容在拒绝时很注意维护小杰的自尊心，那么这样的悲剧或许就不会发生了。

再次，当你已经明确地拒绝了对方，可是对方还是紧缠着你不放，你可以采取下面这个方法，这个方法可以有效且快速地解决这一难题。不要单独一个人出现在学校里或放学回家的路上，换句话说就是，不要给他（她）单独接触你的机会。在有其他同学在场的情况下，就算对方想和你有亲密的接触，碍于面子也是不敢轻举妄动的。如果实在没办法避免单独见面，就算是单独一个人遇到了他（她），你可以假装没看见他（她），迅速走到同学们中间，像什么事情也没发生似的，和同学们照常说说笑笑。时间一长，他就会明白你的真正心意，自然就会主动放弃这种不明智的举动。其实，你这样做的话，对方在事后一定会很感激你，因为你用这种委婉的方法既明确了自己坚定的立场，又让他的自尊心在大庭广众之下得到了很好的维护。

最后，当自己实在无法解决时，可以向家长求助，不要觉得由家长出面会更加伤害对方，要相信自己的父母，他们是过来人，一定会很好地处理这样的事情。但是，在这里也要提醒家长们，不要对追求自己孩子的人进行粗暴的打击或拒绝，因为对方也是孩子，他们的心灵都是很脆弱的，他们的自尊心也是需要得到维护的。像小容父亲对待女儿的追求者，就太粗暴了一些，他总是直接赶走小杰或对小杰不耐烦地批评，这样做的结果就是使小杰在脑子一热的情况下给了他一刀。

虽然在青春期与异性之间的交往对青春期孩子的智力、个性以及情感发育都是有益的，但是由于青春期的男女在生理上和心理上都发生了很大的变化，所以在与异性的交往中，要注意以下几点。

1. 在与异性的交往中，不要过分地拘束。在与异性的交往过程中，要以对待同性的心理去对待异性，该握手就握手，该并肩就并肩，不要扭扭捏捏的，这样不仅使人生厌，也会贻笑大方的。总之，在与异性的交往过程中要大大方方、自自然然的，这样你们一定能建立起纯洁的友谊关系。

2. 在与异性的交往中不要过分随便。虽然在与异性的交往中，过分拘谨会让人觉得不快，但是过分随便又会让人觉得你不自重。要知道，人自重，而后人重之。在与异性交往的过程中，你要随时谨记男女有别，有些玩笑是不能当着异性的面开的。

3. 在与异性的交往中，态度也不宜过分冷淡。因为这样的话，会使对方认为你是一个难以相处、高傲的人，而且在交往的过程中，你过分冷淡的态度会伤害到对方的自尊心，这样只会影响你们之间的友谊。

4. 不可过分亲密。如果在与异性的交往中动作或言语过分亲密的话，不仅会引起其他人对你们的误会，而且你那过分亲密的动作还会招来对方的反感。

5. 男女之间不要过多地单独在一起。大多数人都认为，男女的单独相处已经超出友谊的范围了。虽然我们不赞同异性之间的交往都要以集体的形式出现，但是我们也不得不承认，过多的单独相处很容易引发性爱心理。

总之，在与异性的交往中，要做到自尊自爱和互相尊重。在对待异性的友谊上，尤其要注意一定要广交朋友，把自己的异性朋友范围拓宽，不要盲目地与个别异性进行深交，因为个别的深交很容易使你们的友谊变质。

六　父母，请不要误判

在许多教育学家的眼里，早恋其实是中国式教育独有的词汇，教育学家们更愿意将其定义为"青春期恋情"。虽然随着时代的发展，有许多家长对青春期孩子的恋情不再像从前那样敏感了，但还是有许多家长不明原因地介入到孩子与异性的交往中去。

> 小志是一名高一的学生。由于小志刚上高中，在学业上有许多的不适应，小志的妈妈就找来了自己同事的女儿小叶帮儿子补习。小叶和小志在同一所学校上学，但是小叶比小志高一届。小叶的学习成绩优异，所以小志的妈妈才请小叶来帮小志补习功课。
>
> 在小叶的帮助下，小志的学习成绩很快就得到了提高。但是小

志似乎对小叶有了一种朦朦胧胧的情感。刚开始的时候，小志总是在吃饭的时候提起小叶，起先，小志的妈妈只是觉得小志对小叶有好感，也就没有采取什么干预的措施。可是，小志的妈妈发现，小志对小叶的赞美越来越多，而且当小志提到小叶的时候，眼神都有些不一样了，小志的妈妈就怀疑小志和小叶早恋了。但她不知道怎么和儿子开口谈这个问题。终于有一天，小志的妈妈在给小志收拾房间的时候，在小志的床头发现了儿子的日记本。

小志的妈妈虽然一直都很尊重孩子的隐私，但是这次她觉得早恋的问题实在太棘手，可以从小志的日记中发现一些小志是否早恋的线索。小志的妈妈就打开了小志的日记本，刚开始的时候，只是看到了小志对小叶的赞美之词；往后继续看的时候，却看到了小志描写的他和小叶谈恋爱的过程。

小志的妈妈吃了一惊，她觉得自己必须赶紧采取行动，制止小志早恋的继续。小志的妈妈联系了小志的班主任和小叶的班主任。当时，班主任和小志、小叶以及小志的妈妈都在场，小志一看见老师办公桌上的日记本就明白了一切，他对妈妈侵犯自己隐私的行为很是愤怒。

小叶看见小志写的日记很是生气，因为小志日记里描写的两人的恋爱情节，根本就没有发生过。原来，小志所描写的两人谈恋爱的过程根本就是小志想象出来的。这下老师和小志的妈妈才恍然大悟，原来小志和小叶根本就没有谈恋爱，只是小志对小叶有好感罢了。小叶因为这件事情不再理小志了。

本来，小志的妈妈认为终于可以松口气了，可是没过多久，小志就和班里一个女孩子发生了肉体关系。这个女孩后来怀孕了，女孩的父母去学校大闹了一场，学校因此开除了小志。而小志的妈妈发现无论自己怎么和小志沟通，小志都会以一种很抵触的态度面对，小志的妈妈这才后悔莫及。

第五章
异性交往，羞涩的青春

青春期的男女，生理上和心理上都会发生很大的变化，对异性产生好感以至于爱慕，都是人体发育的一种正常本能，是孩子告别幼年时代所必须经历的特定时期。家长们首先要明确一点，那就是对异性的好感并不一定意味着早恋。

父母遇到自己的孩子对异性产生了好感甚至是爱慕的时候，一定要冷静下来，要理性地对待这件事情。大多数家长对待孩子的异性交往都会谈虎色变，说三道四，甚至蛮横指责，妄下结论。

其实，家长如果仔细回忆的话，自己在青春期的时候肯定也对某个异性产生过好感或爱慕，这些都是很正常的，再说，有好感或爱慕不一定就会发生早恋。家长们应该站在孩子的立场上，与孩子进行一次深入的沟通，把孩子的这种爱慕之情往正常的异性交往上引导。

如果父母对孩子的这种感情轻易地判定为早恋的话，孩子就会这样想："你不是说我早恋嘛，那我就做给你看。"像小志，本来只是对小叶有好感和爱慕，也没打算有什么进一步的发展。可是，当这件事情被自己的妈妈闹开了之后，小志就真的找了一个女孩谈恋爱并发生了肉体关系。由此可见，父母的态度和做法对这个时期的孩子的影响有多大。

七　不要亲手酿成孩子的悲剧

在家庭教育中，最令家长们头疼的莫过于孩子的早恋问题。不过，现在的家长对待孩子早恋的问题不再像以前那么激烈反对了。在上海的一次调查中发现，在受访学生眼中，52%的家长会接受他们的恋爱行为，其中12%的学生选择了"父母接受并欢迎带回家"，40%的学生选择了"父母睁一只眼闭一只眼"，另有48%的学生认为"父母会持批评并且要求分手的态度"。不过，在这次调查中，只有20%的学生表示会听从父母的决定。

由于父母无法正确处理孩子的早恋问题而引发的悲剧时有发生。

小影是一个外向活泼的女孩儿。在上初三的时候，小影接受了班里一名男孩的告白，并马上确定了男女朋友的关系。有一次，小影趁自己爸爸妈妈不在家的时候，偷偷地把自己的男朋友带回了家，正当两人亲热的时候，小影的爸爸突然回家了。他看见这样的场景很是生气，二话不说，上前就把小影臭骂了一顿并把小影的男朋友给打跑了。

　　从此以后，小影的爸爸不怎么搭理小影了，还经常当着小影的面唉声叹气的。小影从爸爸的态度里感到了爸爸对自己的失望和鄙视，觉得爸爸看不起自己，就不再像从前那样好好学习了。而且，她还和一群坏孩子在一起胡闹，经常做一些从前不会干的坏事，像抽烟、喝酒和打架，等等。

　　本来，小影是一个学习成绩很优异的学生，所有的人都说小影将来一定能考上大学。经过这样的事情后，小影连重点高中都没考上，只好勉强上了一所职高。

　　在上职高的时候，小影更是经常逃课、喝酒、去KTV。就在上职高的三年里，小影走马灯似的换了好几个男朋友。

　　小影现在的男朋友家境很富裕，也很宠小影，他一直负担着小影的生活费，而且总是给小影买衣服或化妆品之类的东西。但是，这个男朋友不仅比小影大12岁，而且有个快要结婚的女朋友。小影的男朋友曾经表示过，自己的父母是不可能同意自己和小影结婚的，因为小影要学历没学历，要家境没家境。小影也不想让他为难，就觉得自己可以不要婚姻。但是随着年龄的增长，自己身边的好多同龄人都已结婚。小影的妈妈就催着小影赶紧把男朋友带回家让她看看，并快点结婚。小影实在不知道怎么和妈妈讲清自己和男朋友的这种关系。

　　大约是在小影和现在的这个男朋友交往后不久，小影开始出现了强迫症状，如果男朋友在约定的时间还没到，小影就会急得像热

第五章
异性交往，羞涩的青春

锅上的蚂蚁一样难受。刚开始的时候，小影只是会反复检查门有没有关好，电源开关有没有关掉，洗手间的水龙头有没有拧紧，等等。小影明明觉得自己肯定关好了，却总是忍不住要一遍一遍地反复检查。后来，就发展成为必须让自己的妈妈或男朋友帮忙确定，才可以放心。

现在，小影的强迫症已经发展成为连穿什么样的衣服都要自己的妈妈帮着确定，只有妈妈确定后，小影才会觉得踏实。

不过所幸的是，小影的妈妈和男朋友总是很理解小影，也总是很配合地帮着小影确认。值得一提的是，在此过程中，小影的爸爸对小影的态度一直都很冷淡。

其实，强迫症是对内心的强大焦虑的一种处理方式。当人们遇到自己无法面对的焦虑的时候，就会把自己的注意力转移到一些可以去做的事情上。其实，在某种意义上，强迫症有时候也是对自己的一种保护，让自己可以暂时远离那些无法处理的焦虑。但是这并不是长久之计，只有找到使你焦虑的根源，才能有效解决焦虑问题。

小影的焦虑主要来自母亲对自己婚事的催促，而自己与男朋友的关系又不能明确地告诉妈妈。因为小影觉得爸爸已经对自己失望了，不能再让妈妈对自己失望。而小影之所以会选择现在的男朋友，其根源还是在小影的爸爸这里。

在青春期，父亲和母亲的角色不仅仅是双亲的角色，同时还扮演了男性和女性的代表。父母的态度和评价，往往会被青春期的孩子理解为自己在同性或异性眼中的形象，这些态度会直接影响到孩子以后的人际交往和成年后的感情关系。

小影的父亲因为女儿在初三时把男朋友带回家的事情，对女儿表明了很失望的态度。父亲对女儿的否定，不仅仅意味着父亲对女儿的不接受，而且代表着一个异性对小影的否定，这些对青春期的孩子来说都是一个很大的打击。

小影后来表现出的学习成绩下降以至于打架、喝酒这些行为，都是为了引起父亲对自己的关注。但是，小影的这些行为只换来了父亲的冷漠和失望。所以，在小影的潜意识中，就需要寻找一个父亲的替代者，对自己予以一定程度的肯定。后来，小影就找了一个比自己大 12 岁的男朋友。

由此可见，父母对青春期孩子的早恋问题处理不当，可能对孩子的一生都会造成不良影响。也有许多孩子会产生不同形式的过激行为。

> 一名 14 岁的少女与男友约会的时候被自己的父亲撞见了，女孩的父亲二话没说，就上前给了女儿两个耳光。事后，女孩觉得自己实在没脸活在这个世上了，就从自己家中的阳台跳下，所幸的是，女孩的生命最终被挽救了回来。
>
> 李先生和他的妻子都怀疑刚上初二的儿子早恋了，就想尽办法搜集儿子恋爱的证据。李先生先是以为儿子交话费为由，调查儿子的通讯记录，后来就发展成为偷看儿子手机内的短信，希望可以发现蛛丝马迹。李先生的妻子还经常翻查儿子的衣物和书包，希望可以从中发现一些可疑的定情信物。李先生和妻子的这种行为不仅引来了儿子的反感，而且儿子一气之下，死活都不愿意去上学了。

八　父母可以这样做

现在许多家长对孩子的早恋问题都很敏感，在敏感心理驱使下，就会用一些不当或过激的手段来阻止孩子的恋情发展。其主要原因在于家长们担心孩子会因为早恋而导致成绩变差；担心青春期的恋情无法天长地久；担心孩子会一时冲动，过早地发生性行为。其实，家长们的担心也是不无道理的。

因为青春期的恋情的确可能在一定程度上分散孩子的注意力，使青春期孩子的情绪起伏变大，影响学习成绩，严重的情况下青春期孩子还会因为恋爱而发生暴力事件或引发忧郁症。但是，这并不意味着家长们可以不顾孩子的感受而粗暴干预孩子的感情问题，而应以合理的方法去解决。

第五章
异性交往，羞涩的青春

首先，要知道青春期孩子早恋的原因都有哪些。一般说来，青春期孩子早恋的原因主要有两点。

1. 向异性寻找精神寄托。由于初高中的孩子课业和升学压力增大，使得他们的神经处于高度紧张的状态，有许多学生会在异性那里寻求安慰和倾诉的机会，进而逃避现实。

2. 一些爱情小说和影视作品的影响。在许多小说和影视作品里，甚至在课本里都有对爱情的歌颂和美好的描写，这对青春期孩子来说，无疑是一种诱惑。

那么，家长们面对孩子的早恋该怎么办？总的来说，要正视早恋，不要对孩子放弃希望。有许多家长对待孩子的早恋问题都是谈恋色变的态度，其实大可不必如此，早恋引导好了，也可能是一件好事。

有关专家认为，青春期男女对异性产生好奇、关注乃至爱慕之情，不仅是一种很正常的现象，而且还有利于青春期孩子的性别认同。对青春期的孩子来说，异性对自己的肯定和认同，对其性别角色的塑造是非常重要的，不仅能坚定他们的性别认同，还可以提高他们的自信心。

据有关调查发现，13~17岁的女孩，如果曾经接到过两三个男生给自己写的"小纸条"，那她在以后的成长过程中就会变得很自信。相反，如果在这个年龄阶段的女孩没有收到过男生写的"小纸条"，那就算她的学习成绩再优秀，都会有一种来自异性的挫败感。

那么，家长们面对早恋孩子应当采取什么样的具体措施？

1. 努力在家里营造一个温馨的环境，要让孩子在家里有足够的安全感。如果发现孩子早恋了，要认真的研究分析，进而对症下药，切忌以一刀切的方式进行处理。孩子的早恋到底是同学之间的起哄制造的恋爱假象，还是一时的感情冲动，抑或是因为学习压力的增大？这些都需要做细致的调查。

2. 积极地与孩子进行感情交流。青春期的孩子心理正处在封闭期，这个时期，孩子与家长的交流明显减少了，尤其是遇到了感情问题的青春期孩子，更不会把自己的感情问题向自己的父母诉说，他们一般会倾向于向好友倾诉或者写进日记里。不过，父母千万不要妄想以偷看孩子的日记为切入点，如果让孩子发现父母在偷看自己的日记，将造成一种非常严重的后果，这点已经由许多父母用实践反复证明过了。要以孩子的兴趣为切入点进行交流，这样可以在心理上拉近孩子与父母的距离，从而建立起孩子对父母的信任，这样对解决孩子的感情问题是极为有益的。

3. 与学校保持密切的关系，配合老师一起解决孩子的早恋问题，但是不要采取过激的方法。现在有许多家长（尤其是男孩子的父母），对孩子的早恋持赞成的态度。有的家长在面对老师提出自己孩子早恋的问题时，会对老师说："现在不让他谈恋爱，长大了你给他娶媳妇啊？"这样的回答让人有些啼笑皆非。不论怎样，在孩子应该花费较大精力学习的时期，分散部分精力去谈恋爱，都不是明智之举。

4. 家长应鼓励孩子积极参加对身心健康有益的活动，使其注意力得到很好的转移。校内丰富多彩的集体活动，校外的旅游、交友、公益劳动等都是转移注意力的好方法。同时，还可以鼓励孩子根据个人兴趣，发展个人爱好，例如进行集邮，读世界名著，练习写作投稿等。这些都可以使孩子的课余时间过得充实而快乐。也许，这些活动可以使早恋孩子的情感得到适当减弱和转移。

家长们可以借鉴一下这位父亲处理儿子早恋问题的方法。

> 有一个16岁的高一男孩，在各方面表现都不错，但是这个男孩和同班的一个女孩认真地谈起了恋爱。男孩的父亲知道后，觉得自己是时候与儿子进行一次属于两个男人间的谈话了。
>
> 父亲："儿子，你是不是觉得你的女朋友是这个世界上最好的女孩？"
>
> 儿子："我觉得她是我认识的女孩中最可爱的一个。"
>
> 父亲："我相信你的眼光。但是，你现在才16岁，你认识的女孩大部分都是你们学校的吧？"
>
> 儿子："不管怎样，在我心里她就是全世界最美好的女孩。"
>
> 父亲："你说过你将来要上大学，还要出国深造，将来还要成为一名优秀的律师或企业家。你的这位女朋友是目前为止你认为遇到

第五章
异性交往，羞涩的青春

的最好的女孩，但是将来你有机会认识更多的好女孩的时候，你发现自己后悔了，那时你准备怎么办呢？你知道，爸爸并不反对你谈恋爱，但是，爸爸最讨厌见异思迁的人。"

儿子："可是，如果现在让我离开她的话，我会感到很痛苦的。"

父亲："你初中时买的那个'随身听'呢？"

儿子："后来，你又给我买了个更高级的'随身听'，我就把原先那个送给我一个哥们儿了。"

父亲："这就叫作天外有天，人外有人。你如果把握好每一个属于你的机会，你以后的成就只可能比今天想象得更大，而你面对的世界只会比今天的更为宽阔。到时候，你的选择只会比今天的更多，更好，更适合你。如果你与现在那位女孩真有属于你们的那份情缘的话，到时候再让它开花结果多好。儿子，一个人的一生都会做一些让自己后悔的事情。但是，人生大事只有几件，做决定时一定要慎重，因为后悔了，就很可能抱憾终生的。"

儿子若有所思地点了点头。从此以后，这个男孩把对那个女孩的特殊感情像一颗种子一般深深地埋藏在了心里。因为在与父亲那次朋友般的谈话中，这个男孩明白了，爱的种子如果在不适当的时候提前发芽、长大乃至于开花结果，到最后只会过早地凋谢，而且结出的果实也一定是苦涩的。于是，男孩儿决定把这份感情深深地埋在心底，默默地等待着时机成熟时，再让爱情的花朵尽情绽放。

由这位父亲的做法我们可以看出，在处理青春期孩子的感情问题时，做到两点是很重要的。首先，父母必须与孩子建立一种信任——一种属于朋友式的信任，这样，孩子才会主动地把埋藏在心底的感情问题与父母进行交流。其次，父母应以朋友式的交流方式与孩子进行沟通。这位父亲知道儿子谈恋爱的事情后，并没有像有的父母那样对儿子进行训斥或居高临下地"教育"，而是对儿子的现状仔细分析，有理解，有启发，有暗含规劝的比喻，最后让儿子自己拿主意。

九 成长危机：意外怀孕

据有关妇产科医生透露，每年暑假都是流产手术的高峰期，做流产手术的大多是未满18周岁的女孩子。这些来做流产手术的少女有的是在家长的陪同下，但也有不少是在男朋友或朋友的陪同下来做流产手术的。

意外怀孕的少女到底有多少？没有人做过相关的统计，但是对于青春期孩子的性行为却有人做过网络调查。共有3701位青春期孩子参加了调查，这些青春期孩子是在14~17周岁这个年龄阶段。在这项调查中，其中回答"有过性接触"或"有稳定性行为"的达630人，约占总调查人数的17%。

新浪网曾经做过一个相似的调查，其中一个问题是："你在哪个年龄阶段发生过性行为？"共有44179人参与了这项调查，其中选择15岁以下的有2339人，占总调查人数的5.29%，15到18岁的有5769人，占总调查人数的13.06%。

不过，现在业界比较认可中学生有过性行为的比例为6%~10%。这项调查数据证明，少女意外怀孕的概率已呈明显上升的趋势，青春期男女的性行为已经不再是个别现象。

在青春期的教育实践中，最有争议性的问题恐怕就是避孕知识的讲解了。随着时代的发展，青春期孩子的性行为似乎变得越来越频繁，年龄也越来越提前了。不过就是在极为开放的美国，针对是否该向青春期孩子讲解避孕知识，也展开过激烈的探讨。在20世纪80年代的时候，美国就出现了大量少女怀孕堕胎，甚至于少女做妈妈的案例，而且还出现了性病和艾滋病袭击青春期孩子的严峻形势。

这个问题，造成了自由派和保守派的针锋相对。其中，自由派认为，应该向广大的青春期孩子讲解如何避孕的知识；保守派却认为，应该对青春期孩子进行禁欲式教育，倡导婚前贞洁和婚后忠诚的态度。其实，对于美国性教育的是非对错我们是很难判定的。在做出评判之前，我们不妨先来看看容易造成少女意外怀孕的情形都有哪些。

第五章
异性交往，羞涩的青春

（一）夏日男女独处，容易发生性冲动

> 小雅和小鲁在上初中的时候就是同学，而且彼此都有好感。后来，小雅和小鲁都考上了当地一所重点高中，而且还是同班同学。在一次调座位中，两人又做了同桌，这时，本来就互相爱慕的小雅和小鲁很快陷入了爱河之中。
>
> 在高一结束的暑假里，小雅和小鲁为了缓解期末考试时的紧张心情，就约定一起去郊区的小树林。鸟语花香的自然环境的确使两人得到了很好的放松，但是这样的环境也使小雅和小鲁在一时冲动之下，过早地偷食了禁果。发生这样的事情后，小雅和小鲁都感到了后悔，但是，尤其使他们后悔的是，小雅居然意外地怀孕了。

青春期的男女，感情很丰富，理智却很脆弱，且对性充满了好奇，在谈恋爱的时候，对方亲热的举止、温柔的语言、含情脉脉的目光，都会激起心中埋藏已久的热情。而当丰富的情感冲破了脆弱的理智防线的时候，青春期男女就会在一时冲动下发生性行为。尤其在炎热的夏季，本来夏季的高温就容易使人们的感情升温，再加上单薄的衣服更容易激起青春期男女的性冲动。

有关专家指出，青春期男女的性冲动和早恋有密切的关系。如果互相爱慕的青春期男女过多地单独相处，往往会踏入性的禁区。在这种性冲动下发生的性行为一般都不会采取什么避孕措施，再加上青春期孩子对避孕知识不了解，很容易怀孕。而一旦怀孕，大多数的青春期孩子都会选择自己独自进行流产，不会让父母知道。而流产对少女的心理和生理的损害都是巨大的。

（二）在网友甜言蜜语之下发生性行为

有不少青春期的女孩为了逃避现实而在网络上交朋友，进而与网友见面，期间发生性行为。

小芳是一名初三的学生，因为刚与男朋友分手不久，心情很郁闷，就经常上网聊天。在与网友聊天的过程中，小芳认识了一个网名叫作"蓝颜知己"的男生，两人越聊越觉得有必要见一次面。在小芳放假的时候，就去见了这个叫作"蓝颜知己"的男生，两人一见如故，很快就发展成为恋人。

后来，小芳在"蓝颜知己"的请求下，同意与网友同居。没过多久，小芳就发现自己怀孕了，小芳马上就告诉了这位"蓝颜知己"，谁知网友在告诉小芳"马上解决掉"后，就消失不见了。小芳还是一名学生，没有钱去堕胎，可是小芳也不敢和父母说自己已经怀孕的事。

随着网络的发展，网上交友成为一件越来越平常的事情。每年都有许多像小芳这样的女孩子，在网友的甜言蜜语之下轻易地与对方发生性关系。

(三) 家长的过分关注引起了孩子的逆反心理

小惠是一所重点高中的学生。从小，小惠的父母对小惠的要求就很严格，从来都不允许小惠和其他异性交流，而小惠也表现得很乖巧。但是随着青春期的到来，小惠开始对异性充满了好奇心。终于，小惠和班里的一个男同学发展起了地下恋情。虽然两人的交往很隐秘，但还是被小惠的妈妈发现了，知道自己从小严加管教的女儿居然早恋了，小惠的妈妈很是生气。

小惠妈妈对小惠进行了很长时间的逼问。小惠表示：她与班上的那个男孩已经交往了三个月，两人只一起去郊游过。小惠的妈妈就问小惠：与那个男孩的关系发展到哪种程度了？小惠一口咬定，两人除了拉拉手，什么也没干过。小惠的妈妈不相信，一口咬定小惠和那个男孩肯定干见不得人的事了，并扬言要去找那个男孩的父母算账。

第五章
异性交往，羞涩的青春

> 小惠觉得自己的妈妈纯属无理取闹，并想，既然自己的妈妈已经这么看自己了，不如索性就让那件事情成为现实，也省得自己白白地背了黑锅。很快，小惠就与那个男孩发生了性关系。不幸的是，小惠没多久就发现自己怀孕了。
>
> 小惠的母亲知道小惠怀孕后，非常后悔自己当初的做法。当初，小惠的妈妈其实知道小惠没有和那个男孩发生性关系，之所以对小惠说要去找男孩的父母算账，是为了吓唬小惠，希望小惠能在自己的恐吓下知难而退，早早和那个男孩结束这段恋情。谁承想，居然弄巧成拙，激起了小惠的逆反心理，才造成了这样严重的后果。

调查发现，因为父母对青春期孩子与异性交往的过于简单粗暴的干涉而引起逆反心理，从而导致性行为的人也是不在少数。

一些心理学家建议家长，当遇到孩子的早恋问题时，不能将其视为洪水猛兽而一味地围追堵截，也不能粗暴地强行压制青春期孩子，迫使他们屈服，而是应该积极做好预防疏导的工作。例如，家长应该与孩子多多沟通，了解孩子的真实想法并相信孩子所说的话。

（四）受到不良信息的误导而发生性行为

在现实生活中，越来越多的不良信息开始充斥着影视、网络和书刊，这些不良信息很容易引起性朦胧期青春期孩子的关注和思索，从而激起他们与异性交往的愿望和他们的性冲动。

> 小西和小燕本来是品学兼优的好学生。一个偶然的机会，两人一起去网吧上网，同时登录了一个黄色网站，里面关于性的大胆描写和裸露的照片使得情窦初开的小西和小燕深陷其中，无法自拔，于是，两人就趁假期父母不在家的时候，多次偷尝了禁果。后来两人的学习成绩急速下降，最大的不幸是，小燕意外地怀孕了。

有关专家提醒广大的青春期孩子和父母，暑假期间是孩子们的"事故多发期"，要尽量避免孤男寡女共处一室。尤其是青春期的女孩子，更要注意保护自己。女孩在和恋人约会时，一定要尽量避免单独和男孩相处。而且，当青春期孩子受到了一些不良信息的影响时，家长和老师要引导青春期孩子在和异性的交往中做到自珍、自重、自爱、自强。

（五）遭强奸而意外怀孕

在少女意外怀孕中，最痛苦的还数暴力胁迫下的失身并怀孕。在现实生活中，对未成年人性侵害的犯罪时有发生，且近几年一直呈上升的趋势。

> 一个偏远山区的14岁女孩小韩因为父母常年在外打工，所以从小和奶奶生活在一起。后来，小韩的肚子突然变得很大，小韩的奶奶开始以为小韩得了什么怪病，就让小韩的父母回来，带小韩上医院检查检查，谁知，一检查居然发现小韩已经有了三个月的身孕。
>
> 原来，小韩曾经去过同村的一个光棍王某的家里玩，王某以金钱为诱惑，让小韩在王某的家里住了三天，并对小韩进行了多次的奸淫，导致小韩怀孕。王某已经得到了应有的惩罚，但是这件事对小韩不论是心理还是生理上的伤害，都是不可磨灭的。如果小韩的家人能对小韩负起应有的监管责任，那么这样的悲剧也就不会发生了。

这类的犯罪主要发生在偏远的山区，因为当地人的文化素质普遍较低，而且法律意识也很淡薄。在这类案件中，父母没有尽到自己应尽的监管义务是一个很重要的原因。这些受到伤害的女孩子大多是父母常年在外打工或父母离异的，在这样的家庭环境下，父母对孩子的情况关心得很少。作为父母，要能够尽到身为人母和人父的责任，努力为孩子创造一个良好的生活环境。

十 危机管理：父母的考验

随着时代的发展，人们的思想越来越开放。特别是在发达的大城市里，

第五章
异性交往，羞涩的青春

青春期孩子们越来越追求所谓的性自由，但是，性自由的代价是极为昂贵和惨痛的，尤其对女性的伤害往往最大，特别是对正处在生长发育期的少女。

青春期少女处于生长发育阶段，全身各系统尤其是生殖器官尚未完全发育成熟，这时有性生活对身体的伤害是很大的。青春期少女的生殖管道发育尚不成熟，外阴及阴道均很娇嫩，阴道较短且阴道表面组织薄弱，性生活可能造成处女膜的严重撕裂及阴道裂伤而发生大出血。

由于处在青春期的女孩对于避孕方面的知识了解得很少，在发生性行为后很容易怀孕。因为没有合法的婚姻关系，大多数的少女在怀孕后都会选择流产。而很多女孩子对流产缺乏正确的认识，她们中有的人还把流产当成了一种常见的避孕方法。其实，流产这种早期终止妊娠的手段都是靠人为因素来实施的，流产时的刮宫有可能对女孩儿子宫的内环境造成损伤，而且刮宫还有可能造成感染，从而导致女孩今后的不孕。

一般来说，人工流产容易产生六大并发症：人流不全、子宫穿孔、漏吸、感染、出血和人流综合征。对这些问题，成人出现并发症的概率只有5%左右，但由于少女的生殖器官发育尚未完全成熟，增大了人流手术的难度，从而使并发症的发生概率比成人高很多。

这些仅仅是生理上的危害，过早的怀孕对少女的心理伤害也是很大的。那些正处在青春期的女孩子在对性的强烈好奇心和性模仿的心理驱使下，冲动地与异性发生了性关系，但她们事前事后的心理起伏是很大的，先是新奇和兴奋，再到恐惧、自卑和冲突。在被推上手术台做人工流产手术的过程中，除了身体会产生异常的痛苦感觉外，精神上也容易萌生罪恶感，陷入忧愁与孤独之中。据有关研究表明，十几岁的女孩子在接受人工流产手术的过程中，其疼痛感会明显超出正常女性，而这种异常的疼痛一般来自手术前的不安和恐惧的心理状态。手术后，少女们的噩梦并没有结束，由于这件事情的影响，她们常常无法把注意力集中到学习上，而这种不良的情绪又会使她们的生活继续被阴影笼罩着。

我们的社会对待这种婚前怀孕的现象持一种不接纳的态度，这无形中又增加了这些未婚先孕少女的心理压力。未婚怀孕的少女一般都不会把自己怀孕的事实告诉自己的父母，因为大多数的父母都会对其进行责骂和歧视，这是已经伤痕累累的少女们无法再承受的。她们这时通常会选择求助于自己的男朋友，而这些男孩子们大多都是很年轻和幼稚的，甚至是缺乏责任感的，遇到这样的事情，他们首先想到的就是逃避。而男友的逃避在一定程度上会给意外怀孕的少女更大的心理打击。

由于社会观念的影响，女儿的意外怀孕对家长们来说都不是一件光彩的事情。有些家长会冷静地对待和处理女儿意外怀孕的事情；但是有些家长却会一味地责骂女儿。其实，有许多女孩子在意外怀孕后，都不会让自己的父母知道。她们中有的人向朋友借钱，去一些不入流的小诊所做流产手术，有的干脆去买一些堕胎药服用，这样的流产对女孩子的身体会产生不可估量的损害，轻则影响以后的生育能力，重则会危及生命。

当女儿真的向父母坦白了自己意外怀孕的事实时，那就证明女儿已经走投无路了，这个时候女孩子已经做好了迎接父母责骂的准备。事实上，她们的心理压力已经够大了，不能再承受来自父母的压力了，她们这时最需要的是来自父母的温暖和保护。如果父母这时对女儿一味地责骂，并认为女儿让自己蒙羞了，会让已经深受伤害的女儿受到二次伤害，她们中严重的可能会出现轻生的现象，就算不会轻生，那她以后对自己的人生也会采取一种玩世不恭的态度。

小雪是一名初二的女生。由于语文成绩比较好，同桌的男生总是向她请教关于语文方面的问题。而男生的数学成绩也很好，数学成绩不理想的小雪总是向他请教数学方面的问题。一来二去，两人就变得亲密起来。一天放学的时候，小雪和他一起走在回家的路上，路过男生家的时候，男生问小雪要不要去他家坐坐，小雪就去男生家了，谁知男生的家里没有人，两人就在一时冲动之下发生了不该发生的事情。

后来，小雪经常感到反胃和头晕，而且有两个月没来月经了，小雪意识到自己可能怀孕了。她先是把自己怀孕的消息告诉了那个同桌的男生，希望从他那里可以得到一个解决的方法。可是，这个男生也是第一次遇到这样的事情，没了主意。而且，在小雪告诉他

第五章
异性交往，羞涩的青春

这个消息后，他总是有意无意地躲着小雪，这让小雪很失望，走投无路的小雪决定向自己的妈妈坦白这一切。

在一个平静的周日，小雪趁着只有自己和妈妈在家的机会，"扑通"一下子跪在了妈妈面前，在号啕大哭之后告诉了妈妈自己已经怀孕的事实。当时小雪早已做好了接受责骂的准备。让小雪意外的是，妈妈并没有责骂她，而是轻轻地把女儿搀起来，柔声地问小雪整件事情的经过，小雪就把整件事情的经过毫无保留地告诉了妈妈。

其实，小雪不知道的是，当听到女儿对自己说她怀孕的时候，小雪的妈妈当时感觉脑袋都要炸开了。小雪的妈妈在心里一个劲儿地问自己："这怎么可能！这怎么可能！小雪平常是那么的乖巧听话，怎么可能发生这样的事！"不过看着跪在眼前的女儿，小雪的妈妈又不得不相信。但小雪的妈妈很快就冷静下来了，因为她觉得，在这个时候，最需要安慰和帮助的人是自己的女儿。

后来，小雪的妈妈便带小雪去了医院，用自己的名字挂号，给女儿做检查。检查的结果很快就出来了，小雪果然怀孕了。小雪的妈妈就和女儿商量，一致决定做流产手术。流产手术结束后，小雪的妈妈以小雪得了急性阑尾炎为由，为小雪向学校请了一个月的假，自己也专门向单位请假，回家一心照顾小雪。

在整件事情的过程中，小雪的妈妈都没有责备过女儿一句话，而且小雪的妈妈还向小雪保证，她一定会保守这个秘密的。这件事情只有小雪和她的妈妈两个人知道，连小雪的爸爸都不知道。

小雪对自己妈妈的这种做法很感激。从此以后，她更加努力地学习，后来考上了一所很著名的大学，现在准备出国留学深造。

但并不是所有的父母面对女儿的意外怀孕，都能像小雪的妈妈一样冷静和明智。小远就没有小雪这么幸运了。

> 当小远在走投无路的情况下把自己意外怀孕的消息告诉父母的时候，小远只记得妈妈二话不说，就给了自己一个耳光，随后就是责骂。不过这些也都在小远的意料之中。
>
> 后来，小远的妈妈带着小远做了流产手术。可是事情并没有就这样结束，小远的妈妈整天都说小远把她的人丢尽了。小远实在忍受不了妈妈每天这样的冷嘲热讽，就从自己家的阳台上跳了下去。

其实，来自家庭的二次伤害对那些未婚先孕的少女打击是很大的。有些少女受不了来自家庭的伤害与压力，从而选择了轻生；虽然有些少女不会采取轻生这么极端的手段，但是在以后的生活中她也会变得玩世不恭、随波逐流。

十一　孩子，你真的准备好了吗？

大多数的少女在意外怀孕后，都会选择把孩子打掉，因为她们觉得自己实在无力承担一个新的生命。但也不乏这样的少男少女，他们决定把爱情结晶带到这个世界上来。这样的孩子只会让父母更加为难。可是，就算遇到这样的孩子，父母也不能用强制的方法去简单地解决问题，尽管你是为了孩子好。

> 小洁是一名高二的学生。在一个晚上，她突然对正在看电视的爸爸妈妈说了一个令人震惊的消息："我已经怀孕三个月了。"还没等自己的爸爸妈妈反应过来，小洁就又向自己的父母丢了一枚重型炸弹："我和孩子的爸爸决定把孩子生下来，这是我们俩爱情的结晶，我们不想放弃。"小洁说完后，没等父母的下文，就回自己的房间去了，留给父母一个非常坚定的背影。
>
> 等小洁的爸爸妈妈反应过来后，小洁的爸爸很快就晕倒在地上。小洁的妈妈也顾不上女儿的问题了，马上就送小洁的爸爸去了医院。

第五章
异性交往，羞涩的青春

在去医院的路上，小洁的妈妈对爸爸说："这件事情交给我来处理，你只管把自己的血压降下来就好了，我会把对女儿的伤害降到最低的。"

第二天，小洁的妈妈找到了小洁男朋友小凯的父母，当小洁的妈妈把整件事情的经过告诉小凯父母的时候，小凯的父母也很震惊，小凯的爸爸还扬言要回家好好地修理修理小凯。但小洁的妈妈劝小凯的父母一定要冷静，因为孩子正处在青春的叛逆期，如果这件事情处理不好的话，对孩子的伤害一定是很大的。小凯的父母答应小洁的妈妈回去心平气和地跟小凯好好谈谈，看能不能从小凯这里入手，让小洁自愿把孩子打掉。

谁知，小凯对待把孩子留下来的态度比小洁更加坚决。小凯对双方的父母说："你们没有权利决定我和小洁孩子的生死。我和小洁不想成为杀人犯，我们一定要把这个孩子生下来。如果你们阻止的话，我们就离家出走，到一个你们找不到的地方把孩子生下来。如果你们非得苦苦相逼的话，我和小洁就和我们的孩子一起去死。"这下，双方的父母都没了办法。

小凯的父母觉得这样实在对不起小洁，就押着小凯来小洁家亲自登门道歉。让双方父母始料不及的是，小洁和小凯一见面就抱头痛哭起来，一面哭还一面指责父母没人性。因为在他们的眼里，一向开明的父母一定会接受他们把孩子生下来的。

小洁的妈妈这时就在想："孩子，你们真的准备好了吗？做父母是一件很辛苦和不易的事情，是你们现在年轻的生命所承担不起的。"

后来，在小凯走后，小洁的妈妈安慰了女儿一会儿，就让女儿回自己的房间休息了。小洁的妈妈想了一晚上的办法，终于决定，不如先顺着孩子们自己的意愿，让他们知道孕育一个生命是多么的不易，然后再由他们自己主动放弃。

在第二天吃早餐的时候，小洁的妈妈郑重地对小洁说："我尊重你和小凯的决定，我会在怀孕期间好好照顾你的身体，但是前提是你不能放弃你的学业，你也不能做一个一问三不知的妈妈吧？"小洁觉得妈妈说得很有道理，就同意了妈妈的要求。

小洁的爸爸对小洁妈妈的决定很吃惊，小洁的妈妈告诉他："青春期的孩子很叛逆，如果我们一味地按照我们的想法去逼迫她的话，说不定小洁会做出什么更过激的事，还不如先顺着小洁的意愿，让她尽快明白孕育一个生命的不易，从而主动放弃自己的决定。"小洁的爸爸觉得这也是个办法，就同意了妻子的决定。后来，小洁的妈妈把自己的决定又告诉了小凯的父母，小凯的父母也很赞同小洁妈妈的办法。

从那天起，小洁的妈妈就开始要求从不喝牛奶的小洁每天一定要喝一斤牛奶，而且还要吃两个鸡蛋，还要补充叶酸。小洁的妈妈让小洁戒掉了所有平时爱吃的零食，不能去上体育课，更要命的是，小洁还不能接触电脑，因为小洁的妈妈对她说，电脑的辐射会影响肚子里胎儿的发育。

没过几天，小洁就受不了了，小洁现在只要一看见牛奶和鸡蛋就想吐，看见自己的小姐妹吃零食就直流口水，每当同学们蹦蹦跳跳地去上体育课时，小洁就会羡慕得要命，以前总是爱上网的小洁现在连电脑的影子都看不见了。她每天都在喋喋不休地抱怨和抗议，小洁的妈妈什么也没有说，任由小洁每天抱怨自己活不下去的理由。

后来，当小洁觉得自己这样的抱怨很没意思的时候，小洁的妈妈就平静地问小洁："后悔了吗？"小洁马上就不服输地说："连这点儿考验我都通不过，那我以后怎么面对我的孩子。"面对女儿这种无谓的固执，小洁的妈妈很是愤怒，不过她很快就平息了自己的怒火。等到晚上的时候，小洁的妈妈把自己怀孕时的日记交给了小洁，希望她能通过这厚厚的两本怀孕日记体会到做母亲的不易。

日记里详细记录着小洁妈妈怀孕时每天的饮食菜单以及怀孕时

第五章
异性交往，羞涩的青春

的种种不适和心情。让小杰的妈妈意外的是，小洁居然用了一个晚上就看完了日记。当小洁的妈妈第二天去她的房间叫她起床的时候，发现小洁在哭。小洁边哭边哽咽地说："妈妈，我从来都没有想到把一个生命带到这个世界是这么难，每天要忍着恶心吃不愿意吃的东西，腰围还要长到比水桶还粗，生小孩时居然连麻药都不打……"说着说着，小洁就扑到了妈妈的怀里，说："妈妈，你生我的时候，不用麻药居然挺了十几个小时，一定疼得要命吧。"小洁的妈妈说："我的体质是天生的麻药过敏体质，当时尽管你脐带绕颈，但还是必须自然生产。在整个生产的过程中，医生曾经下达了两次保大人还是保孩子的通知。等你降生的时候，我感觉自己好像拼尽了最后一丝力气，就陷入了昏迷之中。"小洁听后，就说："生孩子那么恐怖啊！我再也不要生孩子了。"

小洁的妈妈一听女儿这样说，为了不让女儿的心里留下阴影，就继续说道："其实，也没有那么恐怖。比如说补充营养，妈妈也曾经挑食，但在妈妈每次吃这些东西时，就会在心里默默地告诉自己，吃下它，我的孩子就会变聪明，变漂亮。至于生你的那会儿，的确很疼，但一听到你的啼哭声，我就好像什么都给忘了，只剩下了属于母亲的幸福。而且，经过了生孩子的痛苦，妈妈就觉得这个世界上再也没有哪种痛苦是妈妈所不能忍的了。"

小洁听了妈妈的这番话，很是感动。她从来不知道，自己的妈妈把自己带到这个世界上受了这么多的苦。小洁对妈妈说："妈妈，谢谢你这么辛苦地把我带到了这个世界上。我可以把你写的日记给小凯看看吗？我想让他也知道把一个生命带到这个世界上是一件多么不容易的事。"小洁的妈妈同意了女儿的要求。

后来，在一天放学之后，小洁带着小凯一起回到家。小凯对小洁的妈妈说："阿姨，真对不起。是我和小洁把事情想得太简单了，把一个生命带到这个世界上真的是一件很不容易的事。我和小洁还没有成熟到把一个生命带到这个世界上的程度,所以我和小洁准备放弃。"

虽然达到了目的,但是小洁的妈妈却觉得事情不该这么简单就结束。于是,小洁的妈妈说:"孩子,你们不觉得这样做太草率了吗?仅凭着一时的冲动就想要一个孩子,因为知难而退,就又决定放弃这个生命。如果我们当父母的都像你们这样,想想看,你们还会来到这个世界上吗?我给你们一个晚上的时间,再仔细地考虑一下,然后,给我们一个充分的理由。"

小洁的爸爸觉得妻子应该就此结束这件事,而不是这样的节外生枝。但小洁的妈妈却觉得,这样草率地决定一个生命的去留,实在太不负责任了,这样会助长他们对两性关系的随意,对他们刚刚开始的人生将是一个多么大的隐患。她希望这两颗年轻的心在经历这件事后,能够获得真正的成长。

只是,这两个孩子居然发生了争吵。后来,小洁的妈妈知道后就把两个孩子叫到一起,对他们说:"如果有一天,你们不再好了,要分开,孩子一定要和你们其中一个人在一起,否则他就会成为没有父母的孤儿,被人欺侮,你们受得了吗?以前你们总是挑剔爸爸妈妈的教育方式不当,而你们有了孩子以后,又准备怎样去教育他呢?"两个孩子陷入了沉默之中。

后来,两个孩子郑重地决定把孩子打掉。因为他们觉得自己实在不具备做父母的资格,两个人也做出了要好好学习的承诺。

在遇到青春期孩子怀孕的问题时,父母固然要站在孩子的角度把怀孕的伤害降到最低,但从根本上杜绝少女怀孕的现象,也是很重要的。

第一,防止未成年人发生性关系,即对未成年的学生进行教育,教育他们要洁身自爱。虽然青春期男女的性欲和性冲动的发展都是一种正常的生理现象,但是青春期的男女因为其心理和社会以及经济方面都处于一种不成熟的状态,他们是无力承担性关系的后果的。在春天的时候就应该做春天的事,

第五章
异性交往，羞涩的青春

如果过早地摘取属于秋天的果实，那么不成熟的果实不仅会过早地凋零，还会苦涩无比。

性欲虽然是一种不受大脑和意志支配的生理本能，但是性欲这种本能和食欲、睡欲的生理本能还是有很大区别的。一个人天生就会吃饭和睡觉，如果一个人不吃饭和不睡觉，就会危及他的生命。可是一个人的性欲如果没有得到满足，却不会危及这个人的生命。由此可见，性欲的需求不仅可以延缓满足，甚至是可以消解的。可以让青春期孩子多参加一些有益身心健康的活动，从而转移他们在性欲上的注意力。

第二，向青春期孩子普及避孕知识。或许有些人会说，这不是从另一个方面鼓励青春期孩子的性行为吗？虽然已经实施了防止未成年人性行为的教育，但是还会有一些大胆的孩子去偷食禁果，这时，适当的避孕知识就显得十分必要了。而且事实也说明，那些去医院流产的女孩子们对避孕的知识了解得甚少，如果这些女孩子在与男友发生性行为时注意采取避孕的措施，那么也就不用做流产手术来伤害自己的身体了。

第六章
学习能否不再头疼？

事实证明，越高级的动物就越需要学习。青春期正是人一生中身心发展的关键期。由于社会的迅速发展，竞争压力的加大，青春期的孩子面临着沉重的压力，这已经成为一种比较普遍的现象。

Notes

动物和人都是离不开学习的，学习是动物和人与环境保持平衡、维持自身生存与发展所必需的技能。在大自然残酷的规律面前，动物必须向自己的父母学会基本的生存本领。例如，小狼在生下来不久后，就必须向父母学习捕猎的本领，不然在离开父母后，小狼就会被饿死。

事实证明，越高级的动物就越需要学习。许多动物在出生后不久，就可以离开父母而独立生存，唯有人类需要在父母的身边很长时间后才能获得独立生存的条件。但是，人类却比世界上的任何动物都要高级，其原因就在于人类具有动物所无法比拟的学习能力。"玉不琢，不成器。人不学，不知义"，这句古语充分说明了学习对一个人的重要性。随着时代的发展，学习在人们的生活中变得越来越必不可少了，为了不被社会淘汰，每个人都得打起精神，努力学习。

人的一生都在不断的学习之中，中国有"活到老，学到老"的古语。但是人一生中比较集中和关键的学习时期就是青春期，这是因为，虽然在儿童期人的脑容量已经接近于常人，但是在青春期的时候，人的脑部的发育会发生一次质的飞跃。

不过，青春期孩子会在这个关键的学习期遇到许多的问题，这就需要我们以正确的态度去解决面临的问题。

一 学习，为何让我觉得厌倦？

　　小涛是一名厌学的高二学生。当然，小涛也并不是一直都厌学的，在小涛上小学的时候，他对学习还是很感兴趣的，那时候小涛的学习成绩也很优异。

　　上小学的时候，父母经常围在小涛的身边辅导他做功课。那时的小涛很勤奋，所以成绩也不错。但是，在小涛上初中的时候，父母由于开始经商，总是会往外地跑而无暇顾及小涛，经常会把小涛交给他的舅舅照顾，小涛的学习成绩就是从那个时候开始下滑的。

　　小涛由于没有了父母的监管，虽然变得很自由，却把大量的时间花在了上网打游戏上。小涛的父母并没有因为小涛的贪玩和不爱学习，甚至学习成绩下降而责备过小涛，反而觉得是因为自己经常在外忙着做生意而忽视了对小涛的教育，才使得小涛变成了今天这样。

　　小涛的父母因为对小涛很内疚，于是每次回家的时候都会给小涛买很多的礼物，给小涛很多的零花钱。小涛对这样的生活很是满意，他经常拿着父母给的零花钱去请朋友吃饭或打游戏，大家也都很喜欢和他做朋友。

　　由于学习成绩差，小涛中考时没考上高中。小涛的父母因为愧疚就给学校交了几万元，让小涛上了一所中等水平的高中。高中的学习生活和初中时可以说是完全不一样的。在高中的时候，老师每时每刻都在督促学生们要好好学习。每天早上六点就开始上早自习，晚上还要上到十点才下课，周六周日还要补课，小涛根本就没有时间出去玩儿，而且也没人陪小涛出去玩儿，因为大家都在忙着学习。因为初中没有好好学习，基础差的小涛在高中学习起来就更困难了。

　　后来又发生了一件让小涛很受伤的事情。当时小涛喜欢上了班

第六章
学习能否不再头疼？

里一个漂亮的女孩儿，小涛就向那个女孩儿告白了。后来，那个女孩儿当着全班同学的面羞辱了小涛一顿。那个女孩儿说，小涛长得又矮又胖的，像个矮冬瓜，居然癞蛤蟆想吃天鹅肉。这件事情深深地伤害了小涛的自尊心，从那以后小涛越来越觉得同学们总是嘲笑自己又矮又胖的身材，没有人愿意和自己交朋友。

小涛本来就对高中的学习生活很不适应，经过这样的事情后，小涛就更讨厌去学校了，他逐渐开始逃课去网吧打游戏。小涛的父母很是着急，就给小涛转了学。可是不久，小涛却又开始逃课并拒绝去学校。就这样，小涛的父母接连给小涛转了5所学校，最短的一次，只上了三天就不上了，小涛强烈要求父母再给他转学，可是，小涛已经把本地的高中都上遍了。小涛的父母不同意小涛的想法，小涛就以离家出走来威胁自己的父母。

厌学似乎是青春期孩子经常会出现的问题。一般来说，厌学是指学生在主观上对学校的学习活动失去兴趣，产生厌倦情绪和冷漠态度，并在客观上明显表现出来的行为。厌学的孩子最突出的表现是拒绝上学。一般表现为：

1. 孩子威胁或哀求父母不去上学；
2. 在早上上学前，经常反复出现回避上学的行为；
3. 早上上学前向父母耍赖，要求父母同其一起去上学；
4. 偶尔会出现不上学或缺课的行为；
5. 经常会出现不上学或缺课的现象；
6. 在某一学期或某一阶段出现完全不上学的现象；
7. 完全长期地休学在家。

孩子厌学的危害是很大的，不仅危害到自己，影响心灵的成长发育，还会对其他人造成影响。厌学的危害主要表现为以下几点。

1. 孩子厌学会直接导致孩子的学习成绩不好，更为严重的是会影响孩子心理健康的发展以及个性形成。
2. 面对家长的期望、升学的巨大压力，会使孩子每天都生活在不安、紧张、焦虑的消极情绪中，这样长此以往就会出现自卑、人际关系障碍等适应不良的问题。

3. 孩子厌学的不良心理反应和人际关系障碍，容易感染其他同学，这对学校教育工作的开展也是非常不利的。

随着社会的发展和人才竞争力度的加大，青春期孩子在学习的过程中越来越感到来自家庭和学校以及社会的压力。另外，我国现在教育体制和教学方式的不完善，教师和家长单纯地追求分数和片面的知识灌输，导致了青春期孩子对学习的厌倦、与老师的对抗、对学校的逃避等厌学问题。

导致学生产生厌学心理和行为的因素是多方面的，不同阶段的学生厌学的原因也是不尽相同的。根据中学生所处的阶段和身心发育的特点，大致可以概括为以下四个方面的原因。

1. 自身的因素。学生自身的因素是产生厌学心理最直接和最重要的原因。

首先是学生的学习态度问题。有些学生的学习目标不明确，缺乏学习动机，因而在学习中遇到困难和受到诱惑时，没有战胜困难的毅力和抵抗诱惑的自制力，从而产生厌学的现象。

其次是学生的学习方法不适合自身。有些学生由于没有掌握适合自己的学习方法，尽管平时也很努力，但取得的考试成绩却不好，这种失败往往会打击学习的积极性，使自尊心受到极大的伤害，从而导致厌学心理。特别是刚上高一的学生，尤其容易产生学习方法不当的问题，因为初中的学习方法已不再适合高中的学习生活，而学生一时半会又没找到适合自己的学习方法。

再次是学生的性格问题。有些学生的注意力不容易集中，容易把自己的注意力转移到学习以外的事情上。这些学生的情绪不稳定，经常会出现上课不专心，作业不用心，预习、复习没有恒心的现象，容易养成心不在焉的不良习惯，从而导致学习成绩提不上去。还有一些学生由于性格的原因，与别人交流有困难，和同学的关系处理不好，从而感到在学校没意思，也会产生厌学的心理。

最后是生理因素。青春期孩子正处于生理和心理迅速发育的阶段，由于身体的不适所引起的厌学现象也不在少数，例如营养不良、容易感到疲劳、体质羸弱、无法适应较长时间的学习等，久而久之，就会产生厌学的心理。另外，还有些视力、听力异常的学生，因为视力、听力障碍，从而导致不能充分理解教学内容，逐渐丧失学习兴趣，产生厌学的心理。

2. 家庭的原因。家庭教育在青春期孩子成长过程中发挥着至关重要的作用，甚至会影响孩子的一生。

有些家长由于家庭教育方式不当，无法很好地与处于青春期的孩子沟通，往往会使得教育效果不尽如人意，与原先的意愿背道而驰。据有关心理学家的研究表明，父母的家庭教育方式对青春期孩子的心理健康有着重要的影响。现在大多数家长对孩子期望过高，关心过度，给孩子的压力过大，仅仅看重学习分数的高低而忽视了心理品质等非智力因素的良好发展。一旦孩子达不到自己的要求，一些家长会采取嘲笑、责骂、厌弃、苛责、轻蔑和冷淡等态度，对孩子造成心理上的伤害。以上这些属于软暴力行为，事实证明家长的软暴力实际上比硬暴力对孩子造成的伤害更具有隐蔽性，杀伤力也更大，更持久，因为软暴力是一种对心理的伤害，会给孩子的一生都留下很深的阴影，会使孩子产生一些心理障碍，乃至心理疾病，使孩子的自尊心和自信心受到很大的打击。

3. 学校的因素。学校教育往往是人们一生中接受教育的关键期。而青春期是一个人人生观和世界观形成的关键时期，所以中学阶段的教育就显得尤为重要。我国现在的教育体制和教学方式正处在一种相对不完善的阶段，而这种教育本身存在的问题也是学生产生厌学心理的主要原因之一。

首先，我国的基础教育课程设置仍然在追求大而全的目标。这样不合理的课程设置，导致学生所要学习的学科数量不断增多，学科的深度也在不断加深，学生的学习负担有增无减。学生们的时间都被这些繁重的课业占得满满的，也就没有多少时间去自由地发展自己的兴趣和爱好以及特长。这些都会导致学生的厌学心理。

其次，分数成为评价学生的唯一标准。其实，在学校的整个教育过程中，教育目标是首位的，教育评价仅仅是鉴定教育目标是否实现的一种手段，而且教育评价的方式也是多种多样的。但是我国的教育现状就是，教育目标和教育评价本末倒置，在整个教学的过程中，我们比较重视的通常是教育的评价。而我国教育评价的方式也很单一，那就是分数。现在，分数的高低和升学率的好坏已经成为我国评价教育成果好与坏的唯一手段，于是，学校、老师和学生都在计算着分数的高低。有不少学校为了追求高分和升学率，从而忽视和违背教学规律以及学生的身心发展规律，无穷无尽地补课，搞一些题海战术和不可胜数的考试，许多老师和学生都在学校这样的指挥下，长时间处于疲惫和焦虑的状态，从而导致老师厌教和学生厌学的现象。

最后是老师的教学方式问题。我们大家都有过这样的经历，上学的时候喜欢哪个老师，哪个老师所教的功课就会学得很好。由此可见，学生的学习兴趣很大一方面是来自老师的教学方式。而我国有些教师缺乏系统的学科基础知识和基本理论的学习，也缺乏教育学和心理学的一些基本知识，因而就无法站在学科的高度去把握科学的教学规律，只能做到完全对照课本讲解，使讲课时的语言很枯燥，更谈不上生动的课堂艺术了。由于老师们教学方式过于单调，使得学生们逐渐失去了学习知识的兴趣与动机，从而产生厌学的心理。

4. 社会的因素。虽然青春期孩子主要是生活在校园里和家庭中，与社会的接触似乎很少，但是，在商品经济日益发展的时代大背景下，社会环境对青春期孩子产生的影响越来越大。近些年，社会上出现的"金钱是万能的"和"读书无用论"等唯利是图的观念，逐渐影响着学生的思想和心灵，这对还未形成正确的世界观和人生观以及价值观的青春期孩子的影响无疑是巨大的。同时，社会上一些不良的影视音像制品和网络信息以及不健康的营业场所，对青春期孩子身心的健康发展也是极为不利的。在社会环境的影响下，一些本来自制力就较差和学习成绩不好的青春期孩子逐渐放下了自己手中的书本，沉迷于网络游戏等一些不健康的爱好之中，从而造成青春期孩子的厌学甚至辍学的现象。

像小涛出现的厌学现象就是自身、家庭和学校以及社会因素综合作用的结果。

首先是家庭的原因。由于青春期的孩子思维方式不够完善，自我管控的能力较差，突然之间父母的教育方式发生了改变，从原先被管理的方式到现在独立自主的方式，使得小涛很快就随波逐流起来。而在外做生意的父母不仅没有对小涛的这种行为加以制止，反而心生愧疚，为了补偿多给小涛零花钱，这在一定程度上助长了小涛的不良行为。

其次是学校的原因。由于原先的基础很差，小涛学习起来很吃力。小涛在向班里的一个女孩告白后，受到了那位女孩子侮辱。这件事情使小涛的自尊心和自信心受到了很大的打击，从此以后，小涛为了逃避来自同学的嘲笑而开始厌学。

另外，还有社会因素的影响。由于小涛总是能在网吧里得到安慰，他就开始逃学而沉迷于网络。

最重要的还是小涛自身的原因。由于小涛的学习动机不明确，在遇到一点困难和诱惑时，就主动放弃了学习。而不是靠自己的自制力和坚定的决心去战胜学习中所遇到的困难与诱惑。

二　如何走出厌学的泥沼？

小成，是一名初中二年级的学生，今年15岁。小成在小学的时候学习成绩一般，考试成绩常常处于班里的中等水平。后来，小成考上了外地一所初中，他很不适应住校的生活，但是也没有办法。小成还发现初中上课所学的知识比小学时难很多，这让小成学习起来有些吃力，学习成绩越来越无法像小学时那样保持在班里的中等水平，这让小成很苦恼。

由于没有掌握适合自己的学习方法，小成尽管学习得很努力，但是学习成绩一直提不上去。这让小成的自尊心和自信心都很受打击。由于学习成绩总是徘徊在班里的下游阶段，每次回家父母都会责怪小成，还会经常拿成绩优秀的哥哥做比较，对小成的学习成绩进行讽刺。

于是，小成就越来越反感去学校上学，他觉得学校的气氛总是很压抑。刚开始的时候，小成只是在上课的时候提不起精神，在课堂上总是走神儿，后来，小成就常常旷课去宿舍睡觉。老师经常联系家长，反映小成在学校的具体情况，小成的父母则总是责怪小成一番，对此小成已经习惯了。

在初一下半学年结束的时候，学校以小成屡教不改为由，劝其转学，小成的父母就给小成换了一所新的学校，可是小成在这个新的环境中表现得也很糟糕。班主任经常因为小成的情况和小成的父母联系，有时甚至会请小成的父母来学校进行面谈。小成厌学的情况并没有得到应有的改善。

终于，在初二上半学期结束的时候，小成向自己的父母提出了退学的要求。

像小成这样出现厌学问题的初中生还不在少数。据有关调查显示，有相当一部分学生（约占总调查学生人数的1/3或者更多）认为学习是一件被动、烦恼的事。而学生消极的学习心理状态主要来自学习负担过重、频繁的考试等方面。

小成的不良性格导致了他无法在面对老师与家长的批评时，做出很好的调整来促进学业的进步。而且小成在遇到学习困难后，并没有主动地去战胜这些学习上的困难，反而选择了自暴自弃。从中可以看得出小成性格中那些不够坚强、追求享乐和易受情绪主导的不良因素。同时，由于学习方法的不当，小成的学习成绩无法得到应有的提高，这件事情对小成的自尊心和自信心的打击是很大的。

学校的学习环境对小成厌学心理的产生也有很大的影响。一般说来，沉重的学习负担往往是造成学生厌学心理的主要原因。学习内容的烦琐与教学方法的呆板会直接影响学生的学习情绪与学习兴趣。在整个教育的过程中，老师注重的往往是学生考试成绩的好坏，而忽略了学生其他方面的发展。有许多老师仅仅因为学生的学习成绩不好，就对学生其他方面的能力进行全面否定，在班里公开地看不起那些学习成绩差的学生，这往往会引起学生对老师的不满，直接造成学生的厌学情绪。小成的老师在遇到小成厌学的情况后，并没有根据他的实际情况，耐心细致地寻找解决方案，而是一味地请家长。在无法解决小成的厌学问题时，校方为了提高自己学校的升学率，对学习成绩较差的小成进行了劝退。

家庭的教育方式是造成学生厌学心理的重要原因。小成的父母知道小成的学习成绩很差以后，并没有帮助小成寻找成绩差的原因，而只是对小成进

第六章
学习能否不再头疼?

行责骂,甚至还以哥哥的优异成绩来比较和讽刺小成,这样不仅会使小成更加厌学,还会对小成造成一种严重的心理伤害。

由于造成学生厌学心理的因素是多方面的,因而对学生厌学心理的矫正也需要从多个方面进行努力。像小成这种厌学问题的解决就需要小成自身、家长以及学校老师的共同努力,才能产生良好的效果。

首先要从小成的自身入手。小成的父母可以在经过小成同意后,带小成去进行心理咨询,在心理咨询的过程中,青春期孩子可以选择适合自己的干预技术和方法,例如合理情绪疗法、强化法、认知疗法等。通过这些方法,能够使小成改变自身的认知和行为,转变小成对学习的看法和态度,使小成对自己的厌学心理进行正确的归因,提高小成的自我管理和控制能力,缓解厌学的情绪,重新激发他对学习的兴趣并端正学习态度。

其次是家庭方面。父母应该给小成创造一个良好轻松的家庭环境,对小成的学习行为多多给予鼓励,而不是一味地责怪和讽刺。还要改变家庭的教育模式,多与小成进行沟通,当小成经过努力还没有达到预期的成绩时,不要加强小成对自己学习行为的消极归因,而是应该给予其安慰和鼓励。

最后是学校和老师方面。老师应该更为关注那些学习成绩差的学生。在学生学习的过程中,对学生的学习动机和学习态度会产生重大影响的就是老师了。老师应该改变对待小成厌学问题的态度,在私底下可以多找小成谈谈心,找找小成明明努力学习成绩却总是不能提高的原因,和小成共同摸索一种适合他的学习方法。

这只是针对小成的厌学情况提出的解决方案。那么,一般情况下面对厌学的青春期孩子该怎么办呢?

1. 培养青春期孩子的学习兴趣,可以与青春期孩子的特长结合起来。事实证明,青春期孩子的学习和特长可以相互影响,一般说来,有特长的青春期孩子,学习成绩一般也不错。由于个人的兴趣,青春期孩子的特长会得到很好的发挥,而青春期孩子的特长也会得到老师和家长的鼓励和表扬,这些都会对青春期孩子学习兴趣的培养产生潜移默化的影响。

老师们教学内容和教学方式的枯燥与单调是学生产生厌学情绪的主要原因,这就要求老师努力改革课堂教学方法,提高教学内容的趣味性与教学手段的灵活性,充分调动学生的学习兴趣和积极性,给学生带来学习的动力。

2. 提高学生的学习能力和帮助学生找到适合他自身的学习方法。很多厌学的学生都是由于经过自己的努力还是无法提高学习成绩，自尊心和自信心本来就颇受打击，而这个时候又会受到来自老师的批评和家长的责怪以及同学们的轻视。这时，家长和老师应该积极地帮助青春期孩子找到适合自己的学习方法，学习成绩提高了，青春期孩子在学习上的自信心就会回来，自然也就不会有厌学的情绪了。

3. 减轻学生的心理压力和课业负担。家长总是会对自己的孩子抱有很大的期望，如果孩子没有取得令自己满意的成绩，就会对孩子表现出很失望的态度，这样在无形中就会加大孩子的心理压力。我国的青春期孩子课业负担已经很沉重了，可是有的家长为了让自己的孩子能考上理想的大学，总是课余的时间里给孩子报很多补习班，本来青春期孩子可以自己支配的自由时间就少，家长们这样做就会把那少得可怜的自由时间给霸占了。这样只会让孩子不堪重负，当孩子有一天实在无法承受这样的心理压力时，就会出现厌学的情绪，有的甚至会直接选择离家出走。家长们所要做的就是尽量减轻孩子的心理压力和学业负担。

4. 帮助青春期孩子建立良好的人际关系。本来学习不好的青春期孩子就会感到很苦恼，如果这时他没有一个好的人际关系来调节一下这种不良情绪的话，他就会更加苦恼和孤独，觉得学校是一个很没意思的地方，也没有什么值得他留恋的，从而产生不愿去学校的厌学心理。

5. 家长和老师要注意自己对青春期孩子批评的尺度。青春期孩子的承受能力是远不如成年人的，家长和老师过于严厉的批评，会在青春期孩子的心理上留下不可磨灭的阴影，而家长和老师的夸奖则会让孩子感受到成功的喜悦，重新拾回自信心。

所以，作为成年人的老师和家长应该做到，在批评青春期孩子时，要多注意场合和尺度，以鼓励为主，少用批评、责怪的手段，尤其是过于严厉的批评。对于青春期孩子学习上的任何进步，都要及时给予肯定和表扬，让孩子们感受到成功的喜悦，这些都能有效地克服青春期孩子的厌学心理。

一般情况下，青春期孩子厌学问题的产生和解决主要会经历以下几个阶段。

1. 不想上学阶段。这个阶段内，青春期孩子有可能会出现头痛、腹痛、发热等身体不舒服的症状，经常显得无精打采，产生疲劳、食欲下降等问题，出现上学迟到早退、缺课增多、周末只待在家里的情况。

2. 拒绝上学阶段。在这个阶段内，厌学的青春期孩子会在早晨起床上学的时候故意延迟，每周不去上学的时间会占一半以上，开始出现明显讨厌上学的迹象，与家人吵架或叛逆的行为逐渐增多，甚至出现攻击性暴力行为。

3. 在家休学阶段。这时候，青春期孩子会自得其乐地待在家里，随意干些自己喜欢的事情；一般不多外出，身体疲劳感开始减轻；会出现白天睡觉、晚上熬夜昼夜颠倒的情况。

4. 试着上学阶段。这个阶段的青春期孩子在家里的时候就会显得非常开心，只要一提到上学，仍会出现焦虑的不良情绪，不过逐渐能够外出，也开始关注同学或学校的事情，开始尝试着去学校，还是很容易感到疲劳，仍然会出现多次的缺课或迟到现象。

5. 上学稳定阶段。这时青春期孩子还是会容易感到疲劳，常常因为一点小事就激动或产生焦虑的情绪，但缺课和迟到的现象逐渐减少。

三 痛苦的考试焦虑

在面临强大的竞争压力时，会有不少考生在考前出现考试焦虑的症状。考试焦虑又称为怯场，是指考生在面对考试时，多次出现恐惧的心理而无法自我控制，同时伴有各种身心不适的症状，并最终导致考试失利的一种心理现象。简单来说，考试焦虑就是对考试的一种恐惧反应。

其实，出现考试焦虑也不全是坏事，考试焦虑可以给考生一定的心理压力，促进考生的积极思维，从而转化为内在的学习动力，提高学习成绩。但是，考试焦虑的症状一旦过度，过大的学习压力就会起到相反的作用，导致考生的应试能力下降，对考生的心理伤害也是很大的，如果不及时对考试焦虑的症状加以调节，就会造成一种恶性循环。

考试焦虑主要会出现以下几种症状。

1. 考试前的焦虑。上课总是心不在焉，不知道该如何着手复习；总是担心因为自己平时学习不扎实，无法在考试时取得较好的成绩；怕自己考试失败后无法向父母交代，背书的时候好像什么都记不住，烦躁不安，见到什么人都想发火；总觉得自己做什么事情都是在浪费时间，吃不好也睡不好。一会儿担心自己强势的科目无法正常发挥；一会儿又责怪自己平时不好好学习弱势的科目。以前考试失败的阴影又会袭上心头，担心自己这次考试失利后怎么办。尤其是那些经常考试失利的考生会更加害怕考试的失败。这个时候，考生们都会出现注意力难以集中和记忆力下降的现象。

2. 考试过程中出现的焦虑。如果考生的考试焦虑症状无法在考试前得到有效缓解，考生会把这种焦虑一直带到考场上。在等待进入考场时，焦虑的考生一般会出现心跳加快、呼吸急促、头痛、胸闷、恶心、出冷汗、手脚冰冷、腹痛、腹泻等一系列生理方面的症状，有些考生还会在快要进入考场的时候发生晕倒的现象。

当焦虑的考生进入考场后，就如临大敌一样，总以为监考老师在一直盯着自己，其他的考生也在时时刻刻提防着自己，就会心跳加速，手心冒汗，特别是在考卷发下来的时候，这种症状会更加明显，一般情况下，会在考卷发下来后5~10分钟内达到顶峰。

这类考生在考试过程中会出现反应迟缓、思维严重受阻、记忆力明显下降现象，大脑好像一片空白，平时信手拈来的公式和定理无法记起和理解应用。一般考试焦虑的考生会心烦意乱，怎么也坐不住，想要极力地保持冷静，却很难做到，严重的考生会出现晕倒或休克的反应。

3. 考试过后的焦虑。在考试结束后，这些考试焦虑的考生也无法得到真正的放松。主要表现为忐忑不安，担心自己的考试成绩。一旦考试成绩公布后，如果考得不理想，就会对自己的能力产生怀疑，即使自己不老是挂念着，也会担心别人对自己的评价，就会形成对考试的恐惧，出现厌恶考试、逃避考试的行为。

当然，考试焦虑在每个考生身上的表现是复杂和不稳定的。有些考生的考试焦虑只是一时的，也就是只在某一阶段内出现；但有些考生的考试焦虑却是经常性、习惯性的。考试焦虑的危害也是极为明显的，不仅会影响考生的考试成绩，更会对考生的心理和身体健康产生破坏性的影响。

考试焦虑过度其实是大脑的兴奋与抑制中心相互诱导失调的结果，如果处理不好，它会给考生带来很多的苦恼。我们常常会见到这样的情况，有些考生平常学习成绩很优异，一遇到大的考试就会发挥失常，这其实是考试焦虑恶性循环的结果。一些考生在一次考试失利后，就对自己的能力产生怀疑，每次参加考试的时候都会没有自信心，从而导致考试总是失败的恶性循环。

考试焦虑的症状对青春期孩子的危害是很大的，主要表现在以下几个方面。

1. 严重影响学生的睡眠。考试焦虑的学生一般都很难正常入睡，他们会在该睡觉的时候想想这想想那，即使是睡着了，也很容易被噩梦惊醒，醒来后不会觉得神清气爽，反而感到很疲劳。

2. 情绪的焦虑。考试焦虑的学生在面对考试的时候总是处于一种紧张不安、提心吊胆或恐惧、害怕、忧虑的状态中。

3. 生理上的不适。考试焦虑的学生在面对考试的时候常会出现像心慌、气短、口干、出汗、颤抖、面色潮红的生理现象，有的考生甚至会出现晕倒或休克的症状。在每年的高考中，总是会出现被他人抬着出考场的考生。

4. 严重的考试焦虑症会引起学生的轻生念头。有考试焦虑症的学生总是容易感到疲倦，非常自卑，觉得所有的人都看不起自己，活在世上没什么意思，从而会产生自杀的念头。我国的校园自杀案中因为考试成绩不理想而自杀的学生不在少数。

四 考试焦虑从何而来？

考试焦虑现象产生的原因是多方面的，其中既有学生自身的原因，同时又有学习和生活环境等外部条件的制约。主要包括以下几个方面。

（一）考生自身的内部原因

1. 考生的心理承受能力不好。主要是一些性格上有缺陷的考生，他们胆小、多疑、内向、害羞，容易激动，自尊心强，自控能力差。据有关研究表明，外向不稳定型以及内向不稳定型的考生最容易出现考试焦虑的症状。外向不稳定类型学生的性格特征主要表现在易冲动、不安、兴奋上。而内向不稳定类型学生的性格特征主要表现在容易把注意指向自身，过分关注自己在事件中出现的不适应反应，易出现负面情绪而使其应付手段越来越无效。

青春期学生的性格仍处在塑造的阶段，在此期间，如果经常受到消极因素的影响，就会产生性格障碍。青春期孩子性格的形成与他从小以考试成绩好坏获得父母及社会肯定评价的经历有密切关系，家庭教育的态度也受孩子学习成绩好坏的左右。

2. 对考试的认知存在偏差。如果考生无法正确地认识考试，在主观上把考试的可怕与考试失败的后果进行夸大，就会产生恐惧感与担忧，觉得考试对自己是一种威胁，自然就会产生焦虑的现象。在高考的时候，就会有许多考生暗示自己，如果这次考不好，自己的人生就完蛋了。这样只会强化自己考试焦虑的程度。

3. 对自身认知的缺陷。有些考生的自我评价总是很低，认为自己这个不行那个也不行，在考试的时候总是缺乏一定的自信心，使自己的正常水平不能得到应有的发挥。而有的考生却是太过于自信，对自己的评价过高，对自己真正的实力不能有一个正确的认识，在考试的过程中，遇到一点儿困难就会心灰意冷，丧失自信，在考试成绩公布后，则会因为考试的失败而一蹶不振。

4. 考前的睡眠不充足。人的大脑如果不能得到及时的休息，就会因为过度疲劳而产生抑制作用，这对考生面临的考试是极为不利的。有不少考生都会在考试的前一晚挑灯夜战，因为大多数的考生都信奉这样的原则——"临阵磨枪，不快也光"。睡眠不充足会导致考生在考试的时候大脑处在睡眠的状态，从而难以发挥神经中枢的积极性，导致大脑思维变慢，这对考生正常水平的发挥是非常不利的。

5. 考前的准备不充分。如果考前的准备不充分，就会使考生对考试产生没把握的感觉，如果考生对考试没有把握，也会增长考生考试焦虑的程度。事实证明，学生没有学好功课或复习得不充分，是造成考试焦虑的直接原因。尤其是考生在考场上因知识欠缺而无法解题时，就会产生情绪紧张、手足无措的情况，其焦虑的状态是显而易见的。一般来说，考前的准备分为知识准备、应试技能和物质准备三种。

一般情况下，考生对所学知识的掌握程度与是否牢固，在一定程度上影响着其在考试时的焦虑水平。如果学生对所学的知识掌握得很熟练，对将要考试的科目的基础知识和基本技能都已全面掌握，平时又做过多种题型的练习，对所要考试的科目的相关内容都进行过多方面的应试训练，就会充满自信地参加考试,其焦虑的程度就相对较低。

相反,如果考生的基础较为薄弱,对要考试科目的相关知识掌握得不扎实,对公式或概念理解得不深入,应用得也不熟练,在遇到一些习题的时候不能做到举一反三和触类旁通,自然会对考试没有信心和把握,很容易产生相对较强的考试焦虑症状。

应试技能也是影响考生考试焦虑的一个重要原因。如果考生的知识储备很丰富且心理素质较好,那么这个考生在做试卷时就会思路清晰,答题要点明确;同时考生如果对评分的标准很了解或各种题型都做过相应的练习,那他在答题时就会胸有成竹,在遇到较难的题目时也能做到泰然处之。相反,如果考生平时缺乏训练,也没有掌握应试技能,在考场上就会很容易出现慌乱的现象。有的考生一见到难题就发晕,感到无从下手;有的考生会因为考试用具没有带全而影响考试的情绪;有的考生考虑问题不全面,答题时头尾不能兼顾,或因审题不清而产生漏答错答的现象。

考试前,考生还应该做好必要的物质准备,如笔、橡皮、圆规、直尺以及其他相关的考试用品。参加高考的考生一定不要忘带准考证和身份证,在考试的前一天,要提前到考场上去熟悉一下考试的环境,这对要参加高考的学生来说是很必要的,可以避免因准备不足或迟到引起的惊慌失措,从而影响答题。

6. 神经类型和身体素质的影响。每个人的遗传素质都存在不小的差别,受到父母遗传基因的影响,在神经类型的强弱、平衡性、灵活性方面都会有所不同,因而在面对刺激时个体所产生的反应强度、情绪体验的深刻程度及转变速度也不一样。

一般情况下,那些神经类型强而不稳定的考生,在面对考试时容易出现心理的不平衡和强烈的情绪反应,这样的考生的焦虑程度就会相对高一些。而神经类型强并稳定的学生,在面对考试时的反应较弱,其考试焦虑的程度就会相对较低一些。神经类型弱而不稳定的学生的心理和感情比较脆弱,对刺激的敏感性较高,个人的体验也很深刻。这种类型的考生会对弱刺激产生较强的反应,他们在面对考试时所产生的焦虑水平不仅很高,而且还不容易缓解。

身体素质和健康状况对考试焦虑水平也有一定的影响。先天健康状况好、后天又勤加锻炼的学生，常常会表现出朝气蓬勃、心情愉快、精神振奋、精力充沛、情绪稳定的状态，他们面对考试时会产生积极的反应，考试焦虑程度就相对较低。而那些先天身体虚弱或健康状况不佳的学生经常会表现出闷闷不乐、烦恼消沉、萎靡不振的状态，他们面对考试时出现情绪很容易出现起伏，常常会产生强烈的考试焦虑。

（二）学生考试焦虑症状形成的外部条件

1. 学校因素。不适当的学习环境是学生产生考试焦虑的直接外因。现在的大部分学校都在进行着周考或月考之类的频繁考试，不断地对学生进行测验，很容易使学生产生学习疲劳，引起注意力不集中、思维迟缓、反应速度慢、情绪躁动、忧虑、厌烦等负面情绪。

有的班级为了刺激学生考高分，采取了公布成绩排名的措施，这样做会使那些考试成绩不好的学生自尊心和自信心受到极大的打击，从而形成自卑的心理状态。

有的老师在考试过后讲解试卷的时候，习惯采取不恰当的褒贬态度，过分赞扬某些学习成绩好的学生，过分批评那些学习成绩差的学生，这样都会加大学生的考试压力，还会使学生对自己的能力产生怀疑，时间长了，就会形成恶性循环，当学生再遇到考试的时候，就会产生严重的考试焦虑现象。

2. 家庭因素。现在的大多数家长都对孩子的考试成绩过分关注，从而采取不恰当的教育方法。例如，当孩子取得优异成绩的时候，就会大大满足孩子的欲望并对孩子赞赏有加；而孩子的成绩变得很差的时候，只会一味地责怪和训斥，而不去关注孩子成绩变差的原因所在。这些都会在无形中加大孩子对于考试的心理压力，在面对考试时，就会很容易惊恐不安和紧张焦虑，觉得自己如果考不好，就无法向父母交差。

此外，家长对孩子过高的期望和过于严肃的家庭环境都容易引起学生的考试焦虑。

3. 外在不良因素的干扰。比如学生在考试前遇到了父母不和甚至离婚或者人际关系处理不当的问题时，都会在考试时产生焦虑的不良情绪，从而影响考试成绩。

4. 社会因素。我国的教育现状就是应试教育，这样的现状会让学生产生一考定终身的错误认识，特别是那些参加高考的学生。这样会增加学生对考试的期望值，而过高的期望就会产生过大的心理压力，从而引起学生在面对考试时的焦虑情绪。

五　战胜考试焦虑

小晶是一名高三的学生。她家庭的经济条件还不错，父母都是公司的职员，而且父母的感情也很和睦。小晶是一个独生女，从小父母对她的教育就没有放松过。而她从小学到初中的学习成绩一直名列前茅，还是市三好学生，深受老师们的器重。

中考的时候，小晶以优异的成绩考入了当地一所重点高中。由于高中突增的课业压力以及重点高中竞争压力的加大，小晶每天的精力都花费在了学习上，好在她的学习成绩仍然很不错，一直稳定在班里的前五名。但是小晶的性格很内向，平时不爱与人说话，也很少主动与别人交流。父母和老师都认为小晶是学习的好苗子，将来一定能够考上重点大学。

一直到高三上半学期的时候，小晶的学习成绩依旧稳定在班里的前五名。但是到了高三下半学期的时候，学校每两周都会进行一次模拟考试。老师们对学校的模拟考试也都很重视，经常对学生们说："模拟考试是和高考最为相似的考试，对高考录取也有很重要的参考意义。"小晶听了老师的话后，对模拟考试变得重视起来。

在学校进行第一次模拟考试的时候，由于小晶在理综考试的时候时间分配得很不均匀，以致化学好几道大题都没有做完。结果考试成绩出来后，小晶的成绩一塌糊涂，她在班里的名次从前五名下降到班里的二十几名，这对成绩一向优异的小晶来说是一个不小的打击。小晶暗暗下定决心，一定要吸取教训，在第二次模拟考试的时候考好。

可是，在第二次模拟考试的时候，小晶不由自主地想到了第一次模拟考试时失败的情节，随之就控制不住自己的情绪了，开始手心冒汗，并且脑袋一片空白，虽然想极力稳定自己的情绪，但是根本无法安下心来做题。结果，这次的考试成绩比上次更加糟糕，名次已经降到了班里的三十几名。

再次经历过考试的失败后，小晶很难从失败的阴影里走出来，她总是不由自主地反复想自己考试失败这件事情。小晶越想就越觉得自己实在太没用了，在这个关键的时候怎么就不能把自己多年所学的东西正常地发挥出来呢？小晶现在白天没心情吃饭，晚上也无法正常入眠，上课时的注意力总是无法集中，记忆力也没以前好了。

现在的小晶只要一想到下一次的模拟考试，就会莫名地紧张，她的第三次模拟考试成绩也很糟糕。小晶的父母和老师对小晶的这三次模拟考试成绩很是失望。小晶也很苦恼，但是她不知道怎么办。小晶就这样带着严重的考试焦虑症参加了高考，她并没有考上大学。小晶的父母决定让小晶复读，明年继续参加高考，可是小晶现在只要一提到考试就会紧张，她很担心这样下去的话，明年的高考也一定会让父母失望的。

小晶这种过强的考试焦虑不仅导致了小晶考试成绩的下降，还对小晶的身体和心理健康产生了破坏性的影响，已经形成了一种恶性循环。那么，到底该怎样缓解考生的考试焦虑症状呢？

1. 重视家长与学校的沟通。既然家庭教育是影响学生考试焦虑的主要原因之一，那么学校就应该及时、主动与家长取得联系，沟通学生的现状，共同寻找有效的解决办法。学校可以定期召开家长会，一方面向家长汇报学生在校期间的基本状况，比如学生近期的心理状态等，要求家长配合学校共同减少对学生施加的压力，另一方面，老师还可以通过家长的反馈，了解学生在家的具体状况，可以更好地解决学生所出现的问题。

2. 采取适当的教学方法，使课堂变得轻松愉快起来。课堂的教学方法直接关系到学生的学习兴趣,而学生的学习兴趣又与学生的学习效率有密不可分的关系。学生的课堂学习效率在很大程度上决定着学生的考试成绩,轻松愉快的讲课方式不仅能提起学生的学习兴趣,而且还可以产生轻负担高效率的学习效果,这些都是有利于提高学生的学习成绩的。学习成绩有所提高,学生的自信心就会回来,这对缓解学生的考试焦虑是很有效果的。

3. 帮助学生提高应试技能,加强对学生的考前指导,这也是缓解学生考试焦虑的有效方法之一。通过对学生进行系统的讲解和训练,让学生对所要考试的各学科知识结构的特点、各种类型题目的具体要求、考试时一般的应试方法等都有一个详细的了解,考生在有准备的状态下,就会鼓起勇气并树立自信去迎接考试。

4. 考生在考前可以采取具体方法来缓解考试焦虑。

(1) 自我暗示法。考试焦虑的产生往往与考生消极的自我暗示有关。有些考生在考试前总是产生消极暗示,如"我复习得不充分,我这次一定考不好",或者"我这次如果考不好,就完蛋了"。这种消极的暗示还会出现逐渐扩大的趋势,如"我要是考砸了,父母一定会对我很失望的",或者"我考不好的话,老师一定会批评我的",这些消极的暗示只会让考试焦虑水平上升,对考试正常发挥起到抑制的作用。

考生在要考试的时候,可以暗示自己"我一定能行",这样可以提高你面对考试的自信心,对考试焦虑的缓解也是很有效的。

(2) 睡眠消除法。大多数考生在考试前都会连轴转地开夜车,这样就会使大脑一直处在一种疲劳的状态,而学习的过度疲劳和睡眠不足是极易引起学生考试焦虑的。保持充足的睡眠可以缓解大脑的疲劳,让你拥有充沛的精力以及清醒的大脑,而且它也是学生从容应考的必要前提,还是缓解考试焦虑行之有效的方法之一。

(3) 运动消除法。我们都有过这样的体验,虽然在运动过后,我们的肌肉会有疲劳的感觉,但是我们的大脑却相对放松了不少。学习是一种脑力活动,学生在考试前的大量用脑会使大脑变得非常疲劳,运动可以缓解这种大脑疲劳。有关研究证明,在人们运动的时候,身体里会产生一些可以消除紧张的化学物质,对缓解考试焦虑具有一定的作用。

(4) 情绪宣泄法。考生们常会因升学的压力、老师的批评和家长的唠叨等因素，产生不良的情绪，久而久之，这些不良的情绪积压的时间长了，就会引起对考试的焦虑。当学生有消极情绪的时候，一定要采取适当的方法进行宣泄。比如，向自己的亲朋好友诉说烦恼，求得他人的理解，从而使自己的内心得到调整；可以找一个没人的地方，大喊大叫，宣泄一下自己的不良情绪；还可以写日记释放自己的苦闷心情；有条件的同学可以上网聊天，向网友诉说自己的烦恼。

（5）游戏转移法。有考试焦虑的考生可以把自己的注意力暂时转移到游戏之中，这样可以忘记疲劳，释放体内积聚的负能量，调整机体的平衡，摆脱不良情绪的困扰。

（6）食疗法。有些食物中所含的一些化学物质是可以缓解焦虑的。而且学生在快考试时，由于脑力劳动强度的加大和能量的损耗增大，都需要一定的食物来补充身体的营养。

（7）音乐疗法。音乐总是能对人们的情绪与生理机能产生不小的影响。有考试焦虑的考生可以适当地听一些不同节奏的音乐来使自己得到放松，使自己生理和心理的节律向积极的方向发生转变。

六　你能集中注意力吗？

　　小鹏是一名初一的学生。在小鹏还没有出世的时候，他的父亲就因为意外过世了，小鹏的妈妈为了养活儿子，开了一家小吃店。小吃店的生意很好，小鹏的妈妈整天忙于经营小吃店，就没有太多的时间来照顾小鹏。小鹏从小由外婆照顾，而外婆总是很溺爱小鹏。

　　后来，小鹏的妈妈在小鹏还没到入学年龄的时候，早早地让他上学了。可是，由于小鹏的年龄太小，上课的时候，注意力总是很难集中，总是走神儿不说，连窗外的一点小动静都能引起他的注意。每天上课时，小鹏总是在自己的座位上扭来扭去，一会儿玩玩儿自己的小手指，一会儿动动自己的文具，一会儿又与旁边的同学交头

第六章
学习能否不再头疼？

接耳。老师警告过小鹏多次，但是他就是控制不住自己。

由于小鹏在上课的时候不认真听讲，他的作业经常不会做。不仅如此，小鹏在做作业的时候，注意力也很难集中，通常情况下，其他学生用一个小时就可以完成的作业，小鹏得花费三四个小时，甚至更长时间。而且，小鹏在完成作业的时候耐性也很差，不一会儿就烦了，外界的一点儿动静就把小鹏的注意力给吸引过去了。

不过，如果在小鹏做作业的时候家长或老师在他身边监督的话，小鹏就能在正常时间内完成作业，否则就不能。小鹏的学习质量很差，效率也不高，在考试的时候又经常不能在规定的时间内做完考卷，所以，小鹏的学习成绩很糟糕。

小鹏的妈妈觉得小鹏这样下去也不是回事儿，就让小鹏每天放学后来小吃店做作业。小鹏的妈妈觉得这样自己可以很好地督促小鹏学习。可是，由于小吃店的环境比较嘈杂，本来注意力就很难集中的小鹏就更容易被外界的环境所吸引了。

由于这样的方法失败了，小鹏的妈妈就给他请了一个家教来督促他学习。在家教的督促下，小鹏总是能很好地做完作业，但这让小鹏养成了一个依赖别人的坏习惯，在没有家教督促的课堂上和考试的时候，小鹏仍然无法集中注意力去听课和进行考试，这使得小鹏的学习成绩在班里依旧垫底。小鹏的妈妈觉得自己能想的方法都想了，她实在想不出其他的办法来解决小鹏的问题了。

上课时，学生的注意力集中是课堂学习效率的重要保障，它不仅会直接影响一堂课的教学质量，而且会影响学生的学习成绩。通过了解大多数学习成绩优秀的学生的学习经验，我们可以得知，课堂的听课效率高低对学习成绩的影响是至关重要的。如果一个学生在上课的时候无法集中注意力听老师的讲解，那他就要在课堂外花费好几倍的时间进行自学，自学的效率是远远不及课堂上学习效率的。

学生是学习的主体，不论老师们在讲课的时候是多么的精彩与出色，如果学生无法集中注意力，全身心地投入课堂学习中去，那也是无济于事的。可是，怎样才能使学生在课堂上的注意力高度集中呢？

1. 明确学习目标。如果学生在学习的时候没有明确的目标，那就没有了动力，也就无法克服自己在学习中所产生的惰性，无法战胜在学习中遇到的困难与挫折。有些学生在课堂上容易走神和打瞌睡，就是因为没有增强自控能力。而学习目标的建立以及明确，是可以加强学生自我控制能力的。自控力能够把学生的注意力集中到学习的某一个环节上，进而帮助学生完成某项学习任务。比如，在上课听讲的时候，如果学生的注意力不集中，可以用自己的学习目标来暗示自己要集中注意力。

在确定大的学习目标之后，还要细分一些具体的小目标，比如阅读教科书，及时预习与复习功课，回答问题，整理知识，完成习题，这样既容易把自己的注意力集中到实现小的目标上，而且在小目标实现之后，自身会获得一种成就感，这样会增强实现大的学习目标的自信心。

2. 调整心理状态。对于一些学习成绩较差的学生来说，在上课的时候总是觉得老师讲的内容对自己来说太难或者听不懂，觉得就算自己再怎么集中注意力听讲，也是白搭，所以就不再认真听讲。带着这样的不良情绪去听课，注意力就更难集中了，学习成绩也会越来越差。

提到学习就烦或者认为自己不是学习的料，有这种想法的学生一定要学会调整自己的不良情绪，要鼓起勇气去战胜学习中遇到的困难，增强自信心，消除自卑感。学生在遇到学习困难的时候，用积极的心态去面对挑战是解决问题的关键所在。只有消除了那些不良的情绪，带着自信去听讲，才会在课堂上集中注意力，才能把自身的学习潜力给发挥出来。

3. 带着问题去听课。当学生带着问题去听课的时候，学生在课堂上的学习目标就会更加明确，在老师讲到自己不懂的问题时，就会更加集中注意力去听老师讲解。

不过，要做到带着问题去听讲，就必须完成课前的预习。在学生预习的时候，首先要了解这节课的大致内容，明确这节课自己要学什么以及学到什么程度。更重要的是，学生在预习的时候可以知道自己有什么问题没有弄懂，在老师讲课的时候也就会格外注意老师对这个问题的讲解。而且课前的预习还让学生们能够及时地发现老师在讲课中所补充的新知识，这样有利于学生把新学的知识和已经掌握的旧知识联系起来，使学生更加深入地理解相应的知识。

4. 排除外界对自己的干扰。学生在课堂上听讲的时候，总是会不可避免地遇到一些分散自己注意力的外界干扰，比如，周围同学的窃窃私语或来自教室外的刺耳噪音、窗外的人员走动等都会使本来在认真听讲的学生注意力发生转移。研究表明，当人们集中注意力进行思维活动的时候，如果突然遇到新的强烈刺激，会使原来的思维活动受到抑制，也就很难把注意力再集中到原来的思维活动上。

所以，学生在上课前要做好充分的思想准备，尽量避免在上课时把注意力转移到外界的刺激上，努力提高自己的抗干扰能力。当学生的抗干扰能力增强了，即使在听课的时候注意力被外界刺激所影响，也能很快地将自己分散出去的注意力重新集中起来。

5. 掌握一定的听课技巧。研究证明，缺乏听课技巧是导致学生无法在课堂上集中注意力的原因之一。一般情况下，正确的听课方式有三点要注意。

首先，在听课的时候，思维要紧紧跟着老师走。有不少学生在预习过功课后，觉得自己已经掌握了这节课，就不怎么注意听老师讲课了，这就给跑神提供了一定的机会。

其次，做好课堂笔记。做课堂笔记可以迫使自己紧紧跟随老师的讲课思路，使自己的大脑处于一种积极的思维状态。

再次，要积极回答老师所提的问题。这样不仅可以通过回答问题检验自己是否真的掌握了老师所讲的知识，还可以调动听课的积极性，提高听课的效率。

七 你的记性好吗？

记忆是掌握知识的基本手段，尤其是对于正在接受系统知识教育的学生来说，一个好的记忆力会给学习带来极大的便利。

记忆，简单来说就是过去的经验在人脑中的反映，包括识记、保持、再现三个基本过程。记忆有形象记忆、概念记忆、逻辑记忆、情绪记忆、运动记忆等多种形式。

有许多同学发现自己很难记住所学的知识，这样肯定会影响学习效率。那么，该如何增强自己的记忆力呢？

1. 集中注意力。在记东西的时候只有集中注意力，排除一切杂念和外界的干扰，专心致志地记忆，才会使所要记忆的知识在大脑皮层留下深刻的痕迹，而且不容易遗忘。大家应该都有过这样的体会，如果自己在读书的时候精神涣散或者三心二意，明明已经读了好几遍了，却不知道在读些什么，这样的话，何谈记住这些知识呢？

2. 激发记忆的兴趣。如果学生对所要记忆的知识感到索然无味，就算花再多的时间也很难记住。所以，老师要给学生营造一个轻松愉快的学习环境，让学生在心情舒畅中记忆知识，而且要激起学生对所要记忆的知识的兴趣。事实证明，学生如果在轻松的环境中进行记忆，通常会记得很快；而学生对所要记忆的知识感兴趣的话，其记忆的效果也会更好。

3. 理解基础上的记忆。死记硬背的记忆方法虽然也能记住所要掌握的知识，但是这样的记忆方式不仅会花费很长的时间，而且记忆的效果也不好，总是容易忘记。只有建立在理解基础上的记忆才会记得更牢固，花费的时间也相对较少。

4. 积极发挥各种官能的作用。有人做过这样的实验，单凭听觉所记忆的知识，在一周过后只记得15%；单凭视觉获得的知识，在一周过后只记得25%；而视觉和听觉结合所获得的知识，在一周过后会记得65%。由此可见，发挥各种官能的协调作用（在记忆的时候耳听、眼看、口说、手写结合），使信息从不同的渠道进入我们的大脑，对我们记忆东西是非常有利的。

5. 运用多种手段进行记忆。通常情况下，记忆的手段有：分类记忆、特点记忆、谐音记忆、争论记忆、联想记忆、趣味记忆、图表记忆、缩短记忆以及编辑提纲、做笔记、做卡片等记忆方法。

应用最多、效果最好的记忆方法当属分类记忆法。在学习过程中，不断地对所学知识进行分类、整理和归纳，使得所要掌握的知识不再显得杂乱无章，变得有条理起来，便于我们记忆。我们平时所学的知识一般都比较零碎和分散，不容易记忆，但是如果把它们分类、归纳起来，就会显得有系统，这样就方便了我们记忆。在记忆知识的时候，采取科学的记忆方法，往往能产生事半功倍的记忆效果。

6. 掌握最佳的记忆时间。科学研究表明，人们记忆的最佳时间为，上午9~11点，下午3~4点，晚上7~10点。在最佳的记忆时间里，记东西的效果会更好。

7. 寻找适合自己的记忆方法。每个人都有自己的记忆特点，按照自己的记忆特点进行记忆，不仅能调动记忆的积极性，还能使自己的强项得到有效发挥。

8. 科学用脑。科学用脑，可以防止大脑的过度疲劳，使人们保持积极乐观的情绪，大大提高大脑的工作效率，这也是加强记忆力的关键所在。所以，人们平时要保证充足的营养、充足的休息和适当的体育锻炼，来保养自己的大脑。

有不少学生发现，自己记忆的东西总是很容易被遗忘。遗忘是指人们无法回忆以及再认已经感知和体验过的对象，或者是回忆和再认出现错误的现象，简单一点说就是，所记忆的信息在大脑中提取不了或提取错了。其实，记忆和遗忘是一个问题的两个方面，记忆是对所获信息痕迹的保留，而遗忘是所获信息痕迹的丢失。

想要更好地记忆，就必须了解遗忘的基本规律。早在1885年，德国著名心理学家艾宾浩斯就对人们的记忆和遗忘规律进行了深入的研究。通过研究，艾宾浩斯总结出影响人们遗忘的因素有几点。

1. 时间因素。艾宾浩斯认为时间与记忆的衰退呈正比。

2. 学习态度。对所学内容是否感兴趣和是否需要，对遗忘的影响相当大。人们对感兴趣的东西，遗忘的速度相对缓慢。

3. 记忆内容的性质。人们对于那些熟悉的、形象的、有意义的记忆内容遗忘得比较慢。

艾宾浩斯还总结出了这样的遗忘规律：在记忆间隔时间为20分钟的时候，人们会遗忘所记忆内容的42%；间隔时间为1个小时的时候，人们会遗忘所记忆内容的56%；间隔时间为8个小时的时候，人们会遗忘所记忆内容的64%；间隔时间为1天的时候，人们会遗忘所记忆内容的66%；间隔时间为2天的时候，人们会遗忘所记忆内容的72%；间隔时间为6天的时候，人们会遗忘所记忆内容的75%；间隔时间为31天的时候，人们会遗忘所记忆内容的79%。

由这些规律我们可以发现，遗忘速度最快的区段是 20 分钟、1 小时、24 小时，分别遗忘 42%、56%、66%；2~31 天的遗忘率稳定在 72%~79% 之间。遗忘的速度是先快后慢的。

所以，在我们记忆过某些知识后，一定要及时地复习。根据艾宾浩斯所总结的遗忘规律，我们可以发现，复习的最佳时间是记忆后的 1~24 小时内，最晚不要超过两天，在这个时间段内只要稍加复习，就可以恢复记忆。如果复习的时间隔得太长的话，我们就会感觉自己记忆过的知识好像新知识一样陌生。所以，在我们复习记忆过的知识时，要有意识地运用艾宾浩斯所发现的遗忘规律，千万不要认为在什么时候复习都一样。

八 释放学习压力

青春期正是人一生中身心发展的关键期。由于社会的迅速发展，竞争压力的加大，青春期的孩子面临着沉重的压力，这已经成为一种比较普遍的现象。由于我国现在的应试教育体制，我国青春期孩子的压力主要来自学习方面。升学和考试是青春期孩子学习压力的主要来源，我国每年因为承受不了学习压力而离家出走甚至自杀的事件时有发生。

> 小辉是一名高考复读生，在他复读不到两个月时，因为承受不了巨大的学习压力，从学校的宿舍楼上跳下，因抢救无效死亡。
>
> 小辉有一个哥哥和一个姐姐，但是小辉的哥哥姐姐因为学习不好，而早早地外出打工了，小辉的父母就对小辉寄予了很高的期望，希望小辉能够考上一所重点大学，为他们争光。
>
> 小辉从小也不负众望，学习成绩一直很好，从重点初中到重点高中，小辉可以说是畅通无阻。可是，随着高中课业难度和数量的加大，小辉明显感觉到学习越来越吃力。在高二分科后，小辉选择了理科。但理科的数学和物理一直都让小辉头大，因为相对于以前所学的数学和物理，现在的数学和物理科目实在是太难了。小辉的

第六章
学习能否不再头疼？

学习成绩一直徘徊在班里的中下游。他也曾努力提高自己的成绩，可是都无济于事，渐渐的小辉就有了一定的厌学倾向。

小辉是一个很内向的孩子，平常没有什么朋友。他的这种消极情绪就这样一直积压在心里，没有朋友可以倾诉，父母除了督促他学习外，一点儿也不关心小辉是不是开心。

在第一次高考的时候，小辉没有考上大学，他并没有过多的伤心，因为他知道以自己的成绩肯定考不上。小辉反而有了一种轻松感，终于不用学习了。他决定像自己的哥哥姐姐一样出去打工。

小辉的父母对小辉的高考成绩很是失望，就决定无论如何得让小辉去复读，明年一定要考上大学。当小辉告诉父母自己要出去打工的时候，小辉的父母大骂小辉没出息，并强制把小辉送到了当地一所专门收高考复读生的补习学校，希望小辉这次不会再让他们失望。

在这所学校里，小辉刚开始的时候也很刻苦地学习，可是成绩还是上不去。就在一次次的失望中，小辉逐渐走向了绝望。在一天上晚自习之前，小辉走到了宿舍楼的楼顶，纵身一跃，就这样草率地结束了自己年轻的生命。

后来，小辉所在补习学校的一位同学说，这所学校的学生全部是因为高考成绩不理想才来的。这里所做的一切都只把考试当作目的，平时同学们之间都不怎么交流，也不大出去玩，心理压力都很大。老师们也只关心学生们的学习成绩，一上完课就走了，对学生的心理状态根本不管不问。

青春期孩子学习压力的形成主要来源于六个方面。

1. 害怕失败。大多数的学生都害怕失败。好多学生在老师和家长的期望下，都觉得自己如果考试成绩不理想，就对不起他们，时间长了，这种内疚的心理再加上对考试的恐惧，会给学生的心理增加沉重的负担。

2. 失去自信。许多学生在经历过几次考试的失败后，就会觉得自己不是学习的料，怎么努力也不会成功。这种非理性的自我认识，会使学生一直被失败和自卑的阴影所笼罩，从而产生诸如焦虑等许多不良情绪。

3. 焦虑。有许多学生因为几次考试失败的经历，只要一提到学习或考试，就会显得很焦虑，从而无法正常地投入学习中去。

4. 应试教育。由于种种条件，我国现在依然在通过应试教育来选拔人才。这就使得学生、老师和家长过于看重学生的考试成绩，形成一考（高考）定终身的错误观念。这对于那些考试失败的学生来说，都会在无形中增加他们的学习压力。

5. 老师和家长的过高期望也是增加学生学习压力的主要原因之一，特别是对于那些学习成绩优异的学生。

6. 社会方面的压力。现在的家长与亲朋好友聚在一起的时候，很容易把自己孩子的学习成绩和亲朋好友家的孩子进行对比，每逢过年过节的时候，亲戚也总是问及孩子们的学习成绩，这些做法会使学生长期处于一种无形的压力之下，生怕因为学习不好被他人嘲笑，压力在无形中不断加大。

学习压力对于现在的青春期孩子而言，已经是一种较为普遍的现象了。我们既然无力去改变中国的应试教育现状，那么就应该从自身的角度设法缓解自己的学习压力。

1. 倾诉。可以找自己比较信得过的人诉说一下烦恼。倾诉是取得内心感情和外界刺激平衡的重要手段之一。当遇到不幸和烦心的事情后，有些人喜欢把这样的不良情绪积压到心底，时间长了，这些不良情绪就会慢慢积淀成巨大的心理压力；而当你把这些烦恼诉说出来时，就会感觉轻松了许多。如果有的同学实在找不到可以诉说烦恼的人，可以尝试自言自语，也可以对身边的动物或植物诉说，这样也会给你的心理减压。

2. 旅游。大自然是调节人们心理不平衡和苦恼的良药。科学研究表明，在自然风光优美的山区或海滨，周围的空气中含有较多的负离子，而负离子又是人和动物生存所必要的物质。空气中的负离子越多，人体的器官和组织所得到的氧气也就越充足，进而促进人体的新陈代谢。当人体新陈代谢比较旺盛的时候，神经体液的调节功能就会增强，有利于促进人的生理健康，人的身体越健康，心理也就越容易平静。

3. 适当地读一些自己感兴趣的课外书。当人们沉浸在自己感兴趣的书籍当中的时候,就会把烦恼抛到脑后。所以,读书也是转移人们不良情绪的有效方法之一。

4. 听音乐。音乐是人类最古老、最具普遍性和感受力的艺术形式之一,是人类通过特定的音响结构实现思想和感情表现与交流的必不可少的重要形式。当人们感到烦恼的时候,经常听一些轻松愉快的乐曲,可以使人心旷神怡,沉浸在音乐中而忘记外界的烦恼;在心情不好的时候,也可以选择放声歌唱,这样能很好地发泄不良的情绪。

5. 可以把注意力转移到一些像下棋、打牌、绘画、钓鱼等兴趣爱好上。当你从事感兴趣的事情的时候,不平衡的心理会逐渐得到舒缓。练书法也是让人心平气和的好方法。

6. 积极参加一些集体活动。集体活动,不仅可以培养人们果断和坚韧的优秀品质,还能增进同学们之间的友谊。

第七章
心理困扰，我们一起面对

在青春期，人的生理发育十分迅速，在2～3年的时间里就可以完成身体各个方面的生长发育并达到成熟的水平。可是心理的发展就相对缓慢很多，因为青春期孩子的心理水平尚处在从幼稚向成熟过渡的阶段。这样，青春期孩子的生理和心理的发展就会处于一种极不平衡的状态，从而导致种种问题的出现。

青春期，是一个人生理和心理发展的关键时期。随着青春期的到来，青春期孩子在生理上发生了急剧的改变，这使得他们产生了一种成人感，因此，在心理上希望能够尽快进入成人的世界。在这种新的追求之中，他们会产生种种的困惑。

人的生理发育是与心理发展紧密相连的。在人的一生大部分时间里，生理发育与心理发展的速度基本是协调的，因此人们的身心发展处于一种较为和谐的状态，而到青春期的时候，这种和谐的状态就会被打破。

在青春期，人的生理发育十分迅速，在 2~3 年的时间里就可以完成身体各个方面的生长发育并达到成熟的水平。可是心理的发展就相对缓慢很多，因为青春期孩子的心理水平尚处在从幼稚向成熟过渡的阶段。这样，青春期孩子的生理和心理的发展就会处于一种极不平衡的状态，从而导致种种问题的出现。

一　暴力是把双刃剑

商丘某学院的一名女生小雯在教室上自习的时候，随手把自己的鼻涕纸从窗户扔出去，这时，正从楼下经过的小英被鼻涕纸砸到，两人就发生了口角，以致相互推搡，后被同学拉开，两人相继离开。

晚上回到宿舍时，小雯向同宿舍的人说起了这件事，小雯越说越生气，就找了一批关系较好的朋友，拿着钢管去找小英算账。当时的小英正准备睡觉，听到宿舍外面闹哄哄地喊着"打人了"，小英

陪你走过青春的十字路口

> 马上就去堵宿舍的门，结果宿舍的门被踹了个大洞，紧接着 20 多个手持钢管的女生蜂拥而入，见人就打。
>
> 小英被两个女生给拖出了宿舍，20 多个人围着小英进行群殴。其中一个女生拿着钢管往小英的脸上和头上一阵乱打，小英很快被打昏了过去。
>
> 后来，小英被送去医院，虽然没有生命危险，但是身体多处都被打成了重伤。更重要的是，这次的事件给小英造成的心理伤害是巨大的。
>
> 小峰是一名初二的学生，在中午去食堂吃饭的时候被小俊插队，当时小峰就和小俊发生了争吵，两人差点动起手来，在同学们的阻拦下，两人都回教室了。可是小峰越想越觉得生气，就找了几个好哥们儿，在放学的时候把小俊堵在校门口进行殴打，致使小俊的两颗门牙脱落和身体多处受伤。
>
> 小俊的身体很快就复原了，可是小俊总是拒绝去学校上学，因为小俊在挨打的时候班里的好几个女生都在场，小俊觉得自己实在没脸再去面对同班同学了。

近几年来，我国的校园暴力事件时有发生。由于青春期孩子好冲动的个性特征，在遇到一些小问题时，总是简单地用暴力手段去解决，这样不仅会给自己带来终身的悔恨，还会给受暴的同学造成难以消除的心理阴影。所以，我们需要一些具体措施来消除青春期孩子潜在的暴力倾向，防止暴力行为的发生。

1. 在学校不主动与同学发生冲突，即使发生了冲突，也要合理解决，而不是一味地用争吵或拳头来解决。在必要的时候，可以向老师或家长寻求帮助。

2. 顺着对方的话去说，从其表达中找到可以插入的话题，缓和气氛。事实证明，许多青春期孩子的暴力事件都是由互不相让的争吵所引起的。如果双方可以心平气和地进行交谈，那么暴力事件就不会发生了。

3. 主动远离一些暴力性的游戏或影视作品。青春期孩子由于正处在从幼稚向成熟过渡的心理阶段，没有明确的是非观念，很容易受到那些暴力性的游戏或影视作品的影响。

此外，防范校园暴力，矫正青春期孩子身上的暴力倾向，还需要学校和家庭以及社会的共同努力。如果青春期孩子发现自身存在暴力倾向，应该积极进行自我调节。

二 甩掉自卑的心理包袱

青春期孩子的自卑心理是一个非常普遍的问题。自卑心理是一种因对自己的能力和品质评价偏低而产生的认为自己不如别人的消极自我意识。自卑感人人都有，适度的自卑可以激发人的潜能，而严重的自卑心理就是一种心理障碍了。有严重自卑感的人不仅会产生心理上的痛苦，而且还会抑制才能的发挥和阻碍人际交往，严重的自卑心理还会引起心理的扭曲，进而转化为抑郁症，出现像自残、自杀或犯罪等过激行为。

自卑的表现主要有三个方面。

1. 敏感。自卑的人总是非常希望得到他人的重视与肯定，唯恐被人忽略。这类人过分敏感，自尊心强，特别看重别人对自己的评价，任何负面的评价都会导致自卑者内心的强烈冲突，有时甚至会扭曲别人对他的评价。比如，当别人夸奖他的时候，他会误以为别人是在讽刺他。

2. 失衡。有些自卑的人认为自己什么都不行，丧失了自我的价值体验。有的自卑的学生在受到其他学生的欺负时，即使会心存不满，也会觉得这是一种正常的现象。这种强烈的自卑心理会使自卑者产生一种厌世的想法，很容易引发自杀的行为。

3. 情绪化。当自卑的人受到委屈时，一般会采取逆来顺受的态度，但是他们的消极情绪并不会随着他们的逆来顺受而消失，只会渐渐地积聚起爆发的能量。当自卑的人再也无法忍受这样的压力的时候，很容易因为一件小事而采取一些过激的行为，来表达自己的情绪。

> 小星是一名高一的学生。小星从小的学习成绩都很优异，在中考的时候考取了本市的一所重点高中。他很向往高中的生活，但是现在的小星却不想再在这所学校待下去了。
>
> 原来，小星来自农村，总是觉得自己比不上那些城里来的同学，从而产生了处处不如人的自卑心理。由于来自农村，小星的普通话中带有很浓重的乡音，在读课文的时候，总是会引得同学们哄笑，小星每次都会觉得无地自容。而且，班里的同学大部分穿着都很讲究，而小星的穿着却很土气。在小星原来的那所学校里，只重视文化课的学习，根本就没有开体育课，在这所学校上体育课时，小星的动作很笨拙，常常会觉得自己在出丑。在宿舍的时候，小星也总是插不进舍友的谈话，因为小星没见过什么世面，不能像舍友们那样侃侃而谈。
>
> 小星本来想用优异的学习成绩来展示自己的才能，但是他发现，在人才济济的重点高中里，想要名列前茅，几乎是难以做到的。
>
> 现在，由于巨大的学习和心理压力，小星已经开始出现难以入眠的现象，而且白天看书的时候，注意力也很难集中。

我们的社会特别看中三样标准：金钱、美貌和智力。当青春期孩子发现自己没有拥有其中的一项或者三项都没有的时候，就容易产生自卑的心理，当自卑心理变得严重的时候，就会影响其健康成长。

造成青春期孩子自卑心理的原因是多方面的。那么，青春期孩子应该怎样从自身的角度来克服自卑心理呢？

1. 学会客观地评价自己。认识到每个人都有自己的缺点和优点。在认识到自己的缺点的时候，也要发现自己的长处；在尽力改正缺点的同时，要坦然地接受自己的不完美，这是一种基本的自我接纳的态度。

2. 意识到你不是孤独的。虽然在你的眼里，你的同学似乎没有什么烦恼，他们每天都在开心地笑，在课余时间，总是能够侃侃而谈。其实，只要你细心观察的话就会发现，他们和你一样，身上都隐藏着某种程度的自卑，每个人都有自己的烦恼。这时，你就会恍然大悟，原来自卑是一种极为常见的不良情绪，被它困扰的不止你一个人，你就不会有原先的孤独感了。

3. 正视自己的问题。许多人都会逃避那个让自己产生自卑的问题，比如，有的同学对自己的外貌很自卑，就很忌讳别人调侃自己的外貌，这样不仅解决不了问题，还会让自卑越来越影响你的生活。

你所要做的就是，正视那个使你受伤的心理问题。你可以找一张纸，写出对自己不满的地方，在写这些问题的时候，一定不要有所隐瞒。写完之后，你可以检查一下哪些问题是自己无法改变的，那就用坦然的心态去接受；再看看哪些问题是最为困扰你的，你可以集中精力去解决它。

4. 进行积极的自我暗示。积极的自我暗示是通过主观作用使内心产生良好预期的一种自我刺激的过程。好多人在做一件事情之前，都会先体验遭受失败后的情绪，简单来说就是不断地告诉自己"我不行"或"我不能"等，这样对任务的成功是很不利的。

所以，即使是在极为不利的情况下，也要告诉自己"我行"或"我能"等激励性的话语来鼓励自己。

5. 正确地制订目标。我们的人生总是由许多目标所组成，目标的实现会极大地提高我们的自信心，而如果我们所制订的目标总是无法实现，就会产生一种挫败感，久而久之就会形成一种自卑的心理。

这就需要我们抛弃那些不合理的目标，还要注意不要把目标定得太高，也不能太低，应该根据自己的实际情况，制订一些通过自己努力就可以达到的目标。如果目标制订得太高的话，会给自己带来不必要的心理压力，让自己一直处于挫折之中，被自卑的阴影所笼罩。如果我们的目标是切实可行的，在经过自己的努力实现目标之后，一定能增强自信心，从而战胜自卑。

此外，还可以采取一些外在的行为训练来提高自己的自信。

1. 走路时要抬头挺胸，脚步要矫健有力。懒惰的姿势和缓慢甚至拖拖拉拉的步伐，能滋生人们的自卑情绪，而改变自己的走路姿势和速度可以在一定程度上改变自卑的心态。

2. 眼睛要目视前方。在与别人谈话的时候，眼神要直视别人，这不仅是对别人的一种尊重，还是你自信的表现。在日常生活中，我们可以发现，在与人交流过程中不敢直视别人眼睛的人一般比较自卑。

3. 敢于当众发言。当众发言可以克服人们的羞怯心理，同时也是提高人们自信的有效方法。有些同学在上课的时候总是不愿主动回答老师的问题，在老师强制要他回答时，他也是支支吾吾的，这样就更容易产生自卑感。

三　唯我独尊会成为孤家寡人

青春期是一个人自我意识高度发展的阶段。在这一时期，青春期孩子的自我意识出现了一次觉醒，从原先幼年时期的对家长和老师权威的盲目服从到对自我权威的重视，青春期孩子开始重新思考世界，寻找自己在世界上存在的价值。

青春期孩子常常会认为自己是世界的主角，所有的人都会注意到自己。其实，青春期的孩子都在关注自己，根本没有那么多的心思来观察他人。这很容易使青春期孩子产生一种唯我独尊的心态，即以自我为中心。

但是，这也是青春期孩子迈向成熟的自我意识的一个必经阶段。这个阶段的青春期孩子可能会带有一些孤独的特点，同时他们比任何时候都要认真和执着，然而如果过于执着的话，就会给人际关系和交往造成一些障碍。

由于我国的计划生育政策，现在的青春期孩子大部分都是独生子女，由于从小没有兄弟姐妹，独生子女以自我为中心的现象会更严重一些。

小娜就是一个独生子女。她从小就是自己家里的中心人物，只要她心情不好，全家人都会为她排忧解难。小娜的父母很注重对小娜的教育培养，从小就为小娜报了很多补习班，而且还让小娜阅读了很多的课外读物，学习了钢琴和书法。小娜本来就很聪明，再经过父母的精心培养，从小就是班里最优秀的女孩子。

小娜的学习成绩很优异，从重点小学一路走到了重点高中，她在重点高中的学习成绩也是名列前茅。小娜不仅学习成绩好，在其他方面表现也很出色，每次学校举行文艺晚会的时候，小娜都会演奏钢琴。可以这样说，小娜是他们学校里的风云人物，学校里不认

第七章
心理困扰，我们一起面对

识她的人很少。小娜的父母为这样优秀的女儿而骄傲，亲朋好友也总当着小娜的面对她赞不绝口。在学校的时候，大部分女孩子都会对小娜投来羡慕甚至嫉妒的目光。

这些都让小娜在无形中养成了唯我独尊的习惯。小娜总是以为自己比别人强很多，非常固执己见，习惯于把自己的观点强加给别人，自己犯错时，也不会认错。比如在做习题时，明明知道别人的做法是正确的，也不会改变自己的方法而去接受别人的建议。小娜还爱在同学面前贬低别人，抬高自己，把别人看得一无是处。

因为这样以自我为中心的个性，小娜在班里几乎没有朋友，同学们都不爱和她在一起，因为她不仅不会关心别人，还总是看不起人。不过，小娜也不屑于和同学们在一起，因为小娜认为，同学们和自己的差距实在太大了。

当班里有同学向小娜请教问题时，小娜不仅不会为同学讲解，还会讽刺同学："这么简单的问题都不会！"在上课的时候，小娜发现了老师讲课中存在的问题，也会不顾及老师的感受，毫不客气地提出来，一副狂妄自大的样子。平时，小娜同样不在乎他人的感受，因为她觉得自己已经优秀到不会有求于人的地步了。而且，在其他同学取得比自己优异的成绩的时候，小娜的嫉妒心就会油然而生，从而表现出极力打击别人或排斥别人的不良行为。

那么，青春期孩子产生唯我独尊心理的原因主要有哪些呢？

1. 家庭原因。对青春期孩子来说，他们对自己的评价首先来源于外界的认可，而家庭教育就是他们自我评价的首要来源。父母对孩子过度的宠爱与夸奖，都会使孩子产生自负的心理。他们就会觉得自己很了不起。

2. 学校原因。由于应试教育的原因，老师们只注重学生的学习成绩是否优秀，而忽略了学生其他方面的发展，这样容易让学习成绩优秀的学生产生自满的心理。

3. 青春期孩子片面的自我认识。有些青春期孩子经常会无视自己的短处而夸大自己的长处。如果一个人对自己的能力评价过高，而对别人的能力评价过低的话，很容易产生自负的心理。当自己取得了一点成就的时候，就会觉得自己很了不起，总是把成功完全归结于自己的主观努力，把失败怪罪在一些客观因素上。

如果青春期孩子习惯以自我为中心，不仅妨碍建立良好的人际关系，而且对将来走入社会也是很不利的。那么，青春期孩子该怎样克服唯我独尊的心理呢？

1. 学会在与他人交往的过程中做出让步。过于在乎自己的人，在与他人交往的时候很少做出让步，他们总是表现得咄咄逼人，这样对于人际关系和社会交往是极为不利的，而且也会助长自负的心理。在这个社会里，与家人、同学、朋友甚至是将来同事之间的交往，总是需要我们多多少少做出一点让步的，如果你总是不做出让步，他们只会离你越来越远。

2. 多站在他人的角度考虑问题。以自我为中心的人一般很少甚至从来不会站在他人的立场上去考虑自己这样做带给他人的感受。小娜就是这样，不论是在给老师提问题，还是与同学交往时，都是我行我素的，很少顾及他人的感受。这会让你身边的人感到很受伤。

3. 不要依赖别人对自己的评价高低而活着。当出现期待别人对自己过高评价的念头时，可以通过一些自我暗示来打消这样的念头。

四　嫉妒就像膨胀的气球

嫉妒是一种消极的情绪，由嫉妒心理引起的行为也是一种消极甚至具有破坏力的行为。通常，嫉妒是指自己以外的人获得了比自己更优越的地位、荣誉，或是自己宝贵的物、钟情的人被别人掠取或将被掠取时而产生的自惭、羡慕、担忧、愤怒和怨恨等交织在一起的复杂情绪体验。

人们一般会把自己这种消极情绪深藏在心中，经过内心的加热、发酵或者膨胀，最后会以扭曲的形式爆发出来。嫉妒心理是一种想保住自己的优越地位而表现出的极力排斥或贬低他人的心理倾向。

嫉妒是每一个青春期孩子成长过程中都无法回避的问题。青春期孩子不论成绩好坏、相貌如何、家庭条件如何，潜在的嫉妒心理总是会随时冒出来。

第七章
心理困扰，我们一起面对

但是，青春期孩子的嫉妒心理与成年人又有本质上的区别。

首先，青春期孩子的嫉妒心理并不像成年人那样带有理性和社会特征；青春期孩子的嫉妒心理一般是自己的愿望不能实现的情况下所表现出来的一种本能的反应，带有一定的非理性和情绪化色彩。

其次，成年人的嫉妒主要集中在金钱、地位、荣誉、爱情这四个方面，功利性非常强；青春期孩子的嫉妒对象主要集中在那些成绩优秀、相貌姣好或者人缘好的学生身上以及一些更为琐碎和细小的事情上，比如有的青春期孩子嫉妒自己的同学买了一个新的文具盒等。

再次，成年人的嫉妒心理可能是一种带有攻击性的不良品质，在预防和矫正上的难度较大；而青春期孩子的嫉妒心理只是他们在成长过程中产生的一种不良心理反应，矫正和预防的难度较小。

> 小琳和小瑾从小一起长大，两个人的关系一直都很好。只是小琳和小瑾在一起的时候，总是会有一种自卑的感觉，因为小瑾不仅比自己长得好看，而且学习成绩也比自己优秀。到后来两人上初中的时候，小瑾的父亲由于生意上的成功，就举家搬入了新居，本来唯一平等的家庭经济条件也在这个时候拉开了距离。
>
> 小琳觉得自己跟小瑾相差实在太远了，就不再主动与小瑾联系。后来，两人在中考时，碰巧报考了同一所高中，小琳知道后就一直期望自己不要和小瑾分在一个班。可是，由于两个人的中考成绩都不错，她们都分在了重点班。
>
> 小瑾总是很热情地邀请小琳，小琳也觉得自己以前实在是太过矫情了，渐渐又接受了小瑾，两人又成为了无话不谈的好朋友。
>
> 在军训结束的时候，小琳告诉小瑾，自己喜欢上了同班的小宇，小瑾当时还嘲笑了小琳好半天。可是没过多久，小瑾就告诉小琳："小宇今天问我能不能做他女朋友，我答应了。"小琳听到这个消息的时候，感觉脑袋都要炸开了，不过她还是没有在小瑾面前表现出来。

小琳觉得很愤怒，自己明明在军训结束的时候告诉过小瑾自己喜欢小宇，可是小瑾居然还是答应了做小宇的女朋友，小琳觉得是小瑾把小宇给抢走了，她认为自己受到了友情和爱情的双重背叛。

每当小瑾向小琳诉说自己和小宇的甜蜜爱情时，小琳内心的嫉妒之情就会加重一分。有一次，小琳觉得必须给他们点颜色看看，就向班主任写了一封匿名信，告发小瑾和小宇的恋情。高中时期，最忌讳的就是早恋问题了，班主任马上开始找小宇和小瑾谈话，希望他们以学习为重，早早结束恋情。但是两人坚持要在一起，班主任就雷厉风行地请来了双方的家长。在多方面的压力下，两人终于同意分手。

可是，小瑾发现同学们总是在背后对自己指指点点的，而且她也总能听到一些关于她和小宇之间的闲言碎语。原来，小琳还在同学们当中到处宣传小瑾和小宇之间一些莫须有的事情。在一个偶然的机会下，小瑾知道了这一切背后的始作俑者是小琳，很气愤也很伤心，马上就和小琳结束了这段友谊。小琳这时才有点后悔，可是她们的友谊却再也挽回不了了。

嫉妒心理所产生的危害是很大的，影响嫉妒者的身心健康。嫉妒是一种病态的心理，有嫉妒心的人心胸比较狭窄，不但不允许别人比自己优秀，而且在嫉妒别人的时候，嫉妒者也会痛苦不堪，他们常常会表现出烦躁不安或沮丧无助的情绪特征。容易嫉妒的人很容易产生一股无名火，而这样会导致其内分泌系统的功能失调，心血管或神经系统功能紊乱。

那么，该如何走出嫉妒的怪圈呢？

1. 正确认识嫉妒所产生的危害。为了伤害和攻击那些自己嫉妒的人，自己往往要付出大量的时间和精力，结果不仅会伤害别人，自己也会感觉到痛苦。

2. 进行挫折教育，提高心理承受能力。有些青春期孩子无法接受别人比自己优秀的事实，就会产生一种"既生瑜，何生亮"的心理，把自己失败的原因全部归结在别人身上,很容易产生嫉妒的心理。

3. 使自己的生活充实起来。当嫉妒心理产生的时候,要采取一些实际行动,使自己变得更加优秀,让自己的生活变得充实,这样你也就没有时间总是纠结在嫉妒里了,时间长了,嫉妒的心理就会慢慢消失的。时刻谨记,一个埋头沉浸在自己事业里的人,是没有工夫去嫉妒他人的。

4. 培养自己乐观的心态。凡是遇到不顺心的事情时,要想开些,人生总有些不顺心的时候,这是在所难免的。当然,凡事保持乐观的心态也不是一件容易的事,可是,只要你坚持乐观的想法和态度,时间长了,就可以改变自己的个性。比如,在你正处于愤怒或者其他消极的情绪中时,能够平静和客观地面对现实,是能够达到克服嫉妒的目的的。

5. 主动去发现他人的优点。人们总是容易发现自己的优点而忽略别人的长处,当别人出现超过自己的迹象时,就会产生嫉妒的心理。而当你主动去发现别人的优点时,你就不会以自我为中心了,会很快地摆脱嫉妒的消极情绪。

五 你还在"对着干"吗?

逆反心理,是指人们彼此之间为了维护自尊,而对对方的要求采取相反的态度和言行的一种心理状态。这种心理状态尤其容易出现在青春期孩子的身上,比如有的青春期孩子总是与家长或老师对着干,以此来表明自己是多么的高明或者与众不同等。

青春期孩子的逆反心理主要有以下一些表现。

不论是学校的还是社会上的绝大多数规章制度都认为是不合理的,应该废除;

如果家长一而再再而三地嘱咐一件事情,会感到很厌烦;

对于跟老师对着干的同学刮目相看;

认为家长和老师的话很多都是有漏洞的;

经常喜欢做一些与众不同和令人大吃一惊的事情,引起同学们的注意;

违反某些规章制度时会感到一种特有的快乐;

别人的批评常常会引起自己的反感和愤怒；

认为父母或老师不应该对一些事情小题大做，大惊小怪；

认为冒险是一件很快乐的事情；

一旦下定决心做某件事情的时候，不论别人怎么阻止也不会改变主意，甚至还会更加坚持；

会对课堂上老师没有注意到的一些小动作而感到开心；

对伤害自己自尊心的人，一定要给他点颜色看看，让他知道自己也不是好惹的；

越是被父母或老师禁止的事情，越会去做，比如谈恋爱或抽烟等。

现在青春期孩子的成长压力很大，成长的历程被课业的压力严重扭曲，失去了自由，也失去了快乐。当青春期孩子的压力超过青春期孩子的心理承受能力时，矛盾就会产生，青春期孩子就会选择逆反的行为来缓解自己的压力。

当青春期孩子的自尊心受到伤害时，往往会加以反驳，为了维护自己的自尊心也会产生逆反的行为。例如，有的老师总是当着全班同学的面批评某个学生；有的父母在其他人面前数落孩子的不是；等等。这些不当的教育方法都会引起青春期孩子的逆反心理。

逆反心理是青春期一种比较常见的现象，是很正常的，逆反心理标志着青春期孩子逐渐由依赖走向独立和成熟。但是，青春期孩子的逆反心理如果不分是非对错、不分场合和对象的话，就会对青春期孩子自身产生严重的危害。比如，家长和老师严格禁止青春期孩子吸烟，而有的青春期孩子却在逆反心理的作用下，偏偏要抽烟，这样只会损伤自己的身体健康。

小月今年刚上初一，可是她越来越不服从母亲的管教了。由于小月在上学前总是花费很长的时间去梳理自己的头发，小月的妈妈就让她把头发剪短，这样不仅方便，每天上学前还可以节约很多时间。可是，小月就是固执地不让剪，谁敢动她一根头发，她就会和谁拼命。而且小月的脾气也越来越坏了，处处跟人闹别扭，每天在

第七章
心理困扰，我们一起面对

家动不动就砸东摔西的。

后来，在初二的时候，学校新开设了化学这门功课。刚开始，小月在学习这门功课时很不适应，非常吃力，做作业的时候出现了许多错误，老师狠狠地批评了她，还说她之所以作业会出现这么多的错误，那是因为她上课的时候没有好好听讲。

小月虽然很不服气，但是也没说什么。从此，小月就对化学很反感，甚至故意和化学老师作对，总是不交化学作业，在课堂上还公然和老师叫板，当老师提问她的时候，她不仅不站起来，就算自己会的问题也说不会。所以，小月的化学成绩总是很差。

有一次上语文课的时候，小月忘了把手机调成静音，在老师讲得津津有味的时候，小月的手机突然响了。被打断的老师很恼火，就让小月站到教室外面去。小月觉得不就是手机响了吗，多大点事儿啊！她拒绝站到教室外面，老师一见学生这么大的架子，感觉脸上挂不住，再次要求她离开教室，小月就是坐在座位上不动。语文老师实在没办法，干脆不讲课了，去找小月的班主任来解决这个问题。

本来好好的一堂语文课，就这样被打断了，小月的班主任听后很气愤，不仅把小月请到了办公室，还在班里大声宣布，以后上学不准带手机。可是不论班主任怎么说，小月就是不认错，无奈之下，班主任只好请小月的家长来学校一趟。

由此可见，不分是非的逆反行为会给青春期孩子的生活带来许多不良的影响。而引起青春期孩子逆反心理的原因是多方面的。那么，到底应该怎样防止逆反心理造成的不良后果呢？

父母和老师在面对青春期孩子的逆反心理时，需积极引导。

1. 父母与老师应该给予青春期孩子充分的肯定，使青春期孩子感觉到自己被人尊重，相信老师和父母是与他们站在同一立场上的。

2. 加强感情投入。青春期孩子尤其希望得到父母或老师的尊重、信任和理解，只有在父母或老师加强对青春期孩子的感情投入时，才能拉近亲子之间和师生之间的感情距离。

如果老师或家长为了使青春期孩子往积极的方面发展，而做出了一些出于善意却伤害了他们感情的事情，比如紧紧抓着青春期孩子的错误不放，或者对青春期孩子所做的某些不符合自己意愿的事情大发雷霆，这些都会加剧青春期孩子的逆反心理，会使他们在感情上对老师或家长产生怀疑，造成抵触的情绪，从而导致他们在逆反的道路上越走越远。

所以，家长和老师要多注意发现青春期孩子的优点，善于用欣赏的眼光去看待他们；多与青春期孩子沟通，加强感情联系，使他们感觉到你是在真诚地帮助他，客观地指出他们的优点和不足。

3. 应用积极鼓励的方法代替简单粗暴的教育方式。青春期孩子的自尊心非常强，父母或老师对他们多一句赞美和鼓励，就可以把摇摆不定的孩子给挽救回来。

4. 身教重于言传。青春期孩子的模仿能力很强，极易受到外界环境的影响，所以，要想教育好青春期孩子，父母或老师就必须多学习，掌握的知识一定要比青春期孩子丰富。

家长或老师在发现对青春期孩子的正面教育没有效果时，要及时地改变教育的策略，可以利用青春期孩子爱模仿的特点，在日常生活中对他们进行潜移默化的教育。这就要求老师或家长平时多注意提高自身的修养，多注意自己的一言一行，给青春期孩子做出一个好的榜样，让他们从老师或家长的行动中了解做人做事的道理，从而养成良好的行为习惯和优秀的品质。而且，在家长或老师的这些模范行动中，可以培养青春期孩子对他们的敬佩之情，这样也有利于青春期孩子接受家长或老师的建议。

青春期孩子应该从自身出发来克服逆反心理。

1. 十秒原则。在遇到与别人有分歧或者心情不爽的时候，要默数十秒，使自己冷静下来，这对抑制冲动的情绪是非常有益的。

2. 一定要树立正确的是非观念。许多青春期孩子在逆反心理的作用下，都没有了正确的是非观念。比如，有的事情明明是自己错了，却还是不听父母或老师的正确建议，一意孤行地在错误道路上走到底。这样，逆反心理只会对你的成长造成很大的危害。

3. 多与父母或老师沟通。告诉他们，他们的管教有时会让你觉得自己并没有独立，让他们放心，多给你一些空间。

六　影响一生的习惯

美国心理学家威廉·詹姆斯说："播下一个行动，收获一种习惯；播下一种习惯，收获一种性格；播下一种性格，收获一种命运。"也就是说，习惯的养成是可以决定人的一生的。

> 1988年，世界各国的诺贝尔奖得主在巴黎聚会。有人问一位诺贝尔奖得主："您在哪所大学、哪所实验室学到了您认为最重要的东西呢？"
>
> 这位白发苍苍的学者回答说："幼儿园。"
>
> 人们不解地问："在幼儿园能学到什么呢？"
>
> 学者回答说："把自己的东西分一半给小伙伴们，不是自己的东西不要，东西放整齐，吃饭前要洗手，做错事要表示道歉，午饭后要安安静静地休息，要观察周围的大自然。"

其实，学者所说的意思就是行为习惯对人一生的影响是最重要的。

有关调查表明，人们日常活动的90%都是来源于习惯和惯性，大多数日常活动都只是遵循人们平时的习惯而已。从早晨几点钟起床，如何洗澡、刷牙、穿衣、吃饭、上学或上班到如何思考、处理问题等，一天之中，人们在表演着几百种习惯。但是，习惯并不是像日常惯例那么简单，习惯的影响十分深远。

心理学家认为，人的思维主要由两个相互独立的部分构成，即意识和潜意识。意识就是知觉和思维，它主要负责思考、推理、计算、计划或设定目标；潜意识则是各种事物的仓库，过去的经历和经验便存放于此，记忆、情感、信仰、价值观，还有习惯，这些统统是潜意识的组成部分。

习惯之所以能够影响我们的整个人生，就是因为习惯已经深深地植根于我们的潜意识当中。叶圣陶曾经说过："教育就是培养习惯。"可见，良好习惯的养成对教育来说是多么重要。

青春期的孩子虽然已经形成了各种各样的习惯，但是由于青春期孩子的可塑性很强，因此青春期是一个人良好习惯养成的关键时期。那么，青春期孩子该如何养成良好的行为习惯呢？

1. 破坏坏习惯。青春期孩子应该深刻地认识到不良习惯所带来的危害，并下定决心改掉它。有的青春期孩子在行动上拖拖拉拉，有的青春期孩子对浪费时间不以为然，有的青春期孩子自以为是，还有的青春期孩子对新知识不求甚解……这些不良的习惯经过长期的积累，会逐渐强化，从而形成对人根深蒂固的惯性影响。

2. 用好习惯来规范自己。青春期孩子可以制订行动计划来规范自己的行为，并将这些行为规范用白纸黑字写出来，放在自己经常能看见的地方，随时提醒自己，坚决执行。必要的时候，还可以把遵守这些行为规范的决心告诉家人或朋友，以增强外在的监督力和约束力。

3. 抓紧时间，立刻执行。当你认识到改变坏习惯的重要性的时候，应该雷厉风行，立即行动，切不可怠慢，不然，决心很容易被惰性所吞噬。

4. 持之以恒地坚持下来。在新的良好习惯牢固地建立之前，旧的习惯是难以改变的。如果在坚持的过程中有一次放松，都可能导致你前功尽弃。一般说来，如果你坚持了三个星期，你就可以建立一个良好的新习惯，就有可能改变你的一生。

5. 坚定意志，战胜自己。任何一个改变不良习惯的人，在心理上都会有一段特别难以跨越的时期，这个时候就需要我们坚强的意志力了。尤其是在改变初期的时候，你会出现很多的不适应现象，然而越是在这种不适应的时候，你就越需要坚定自己的意志。当你下定决心要改变一个坏的习惯时，你的意志力是最关键的因素。人往往有很大的惰性，而顽强的意志力就是惰性的天敌。